把時間當作朋友

精準實踐版

百萬暢銷書作家——李笑來
寫給有「時間恐慌症」年輕人的
解答之書

李笑來——著

閱讀說明

本書定位——這不是一本什麼樣的書？

有些時候，有些事物，從反面描述比從正面描述更為容易。如若先仔細說清楚這本書不是什麼，之後對「它究竟是什麼」這個問題，可能就不言自明了。

這本書不是時間管理書籍

儘管本書的內容也包括任務管理等與常見「時間管理技巧」相關的內容，但是，**本書主張時間不可管理**、**一切都靠積累**。

更進一步地說，本書主張一個人必須在開啟心智、提高思考能力之後，才能夠用正確的方法做正確的事情。也只有這樣，時間才是朋友，否則，它就是敵人。很多「時間管理技巧」並非無用，但往往由於使用者心智能力低下甚至尚未開啟心智，致使那些技巧只能治標，不能治本，甚至既不治標，也不治本。

這本書不是成功學書籍

我不贊同大多數所謂成功學書籍裡的觀點及論證方式。這本書裡沒有出現「小心成功學」這個標題，我的觀點從未改變：成功從來不是人人都可以做到的事情，過去不是，現在不是，將來依然不是。

基於「比較」的成功觀，是傷人的、害人的。**事實上，對年輕人來說，成長比成功更重要，而且，這才是人人都可以做到的事情，才是人人都值得追求的事情。而成長其實只有一條路——積累。**

這本書不是心靈雞湯式的書籍

這本書裡沒有安慰，因為這本書不是寫給脆弱的人的——只有脆弱的人才不斷需要安慰。現實是殘酷的，生活是艱難的，無論什麼樣的時代，無論對哪一個層次的人，都是如此，對大多數年輕人來說，更是如此。

人的理性建立在接受現實的基礎上，不能接受現實，一切成長都是虛妄。

這不是一本講大道理的書

我只不過是一名從業經驗豐富的教師而已，並非所謂的「成功人士」。儘管字裡行間可能透露出說教的神態，但，相信我，講大而空的道理是我從很小就憎恨的行為。我只想把這些普遍困境的最佳解決方案用樸素的論述、詳盡的說明、直接的方式傳遞出去。

很多道理都非常簡單，卻至關重要。現實就是這樣，有用的道理往往都是簡單的，甚至簡單到令大多數人不由自主地忽視的地步。從另一個方面講，這本書所傳遞的資訊，原本只不過屬於常識，可由於種種的原因，並沒有被真正普及、理解，實在可惜。

這不是一本隨便翻翻就可以的書

隨便翻翻就可以的書，不值得讀。如果您拿到本書，只是想隨便翻翻，那我還是勸您算了吧，因為那麼做沒什麼意義。這本書裡的很多文字，需要讀者耐心讀到最後再做判斷，而非看到隻言片語就進入抗拒狀態，然後不由自主地斷章取義——因為書中有很多觀點和結論會與讀者的現有看法不同，甚至相對。

儘管這本書的第一版得到了非常多的好評，豆瓣[1]上評分長期為8.7，甚至被列為中國書刊發行協會二〇一〇年度全行業優秀暢銷品種，可根據讀者的實際回饋來看（儘管負面的很少，但往往更重要）：讀不進，進一步因為讀不出而產生誤解的人很多。但讀過之後您就會明白，有效溝通在一些特定的情況下究竟有多難。

1 豆瓣，中國社群網站，提供使用者關於書、電影、音樂等評論平台。

第一版前言

我們無法管理時間，但可以把時間當作朋友

無論是誰，都最終在某一刻意識到時間的珍貴，並且幾乎注定會因懂事太晚而多少有些後悔。病了要投醫，病急了就很可能亂投醫。可能書店裡各種各樣的關於「時間管理」的書籍多半於事無補——至少這是我自己的經驗。一方面是束手無策，另一方面是時間無情的流逝，惡性循環早已經形成——要做的事情愈來愈多，可用的時間愈來愈短；而因此時間愈來愈珍貴，時間愈來愈緊迫；時間越珍貴就越緊迫，時間越緊迫就愈珍貴……壓力愈來愈大，生活成了一團亂麻。

時間是個問題，可是「管理」它卻不是正確有效的方法，因為那是幾乎做不到的事情。本書之所以後來換成現在的書名[1]，在於「把時間當作朋友」更能體現這本書的實質，我自己也是在寫作的過程中才清楚地意識到「管理時間」的說法有多麼荒謬。

人是沒辦法管理時間的，時間也不聽從任何人的管理，它只會自顧自一如既往地

1 本書內容最初在網路上公布時用的標題是「管理我的時間」。

流逝。「管理時間」只不過是人們的一廂情願而已。換言之，人類能做的事情只不過是發明改進測量時間的工具而已，根本沒有任何辦法去左右時間。

終於有一天，我對自己說：「承認了吧，你對時間的流逝無能為力。」那一刻的醒悟，感覺就像鳳凰涅槃一樣浴火重生——這個說法多少有點矯情，但又確定過於準確而無可替代。那一瞬間，我已經三十多歲——還好，並不算太晚。

改變自己，就等於改變自己的世界

要管理的不是時間，而是自己。人們生活在同一個世界，卻又各自生活在自己的那個版本之中。改變自己，就意味著屬於自己的那個版本的世界將會隨之改變，其中也包括時間的屬性。

開啟自己的心智，讓自己能夠用最可能準確的方式思考、觀察、記錄、總結、分享和行動，那麼自己的時間就會擁有不同的品質，進而整個生活都必然因此煥然一新。

人生的幸運在於能夠「用正確的方式做正確的事情」。而什麼是正確的或者更好的方式，什麼事情真的值得去做，需要運用良好的心智才能做出盡可能準確的判斷。

若真的做到「用正確的方式做正確的事情」，那一瞬間，時間無須管理（當然就算想管理，其實也沒有人能夠做到），它是你的朋友，陪你亦步亦趨走到最後的朋友。

找到問題的根源，就有機會改變

我終於明白為什麼過去讀過的那麼多「感覺上有道理」的文字卻最終「感覺上並無幫助」了。也許是自己被誤導了，也許是過去太愚鈍，我竟然沒有意識到「管理」的焦點根本就不應該是時間，而應該是我自己！

過去我讀過的許多時間管理書籍裡的方法肯定是（至少應該是）有用的——就好像是巧匠手中的工具，不可能沒用。武俠小說裡的那些江湖高手，手拿一根樹枝也一樣可以橫掃天下，可是對一個手無縛雞之力的人來說，給他干將也罷，莫邪[2]也罷，又有什麼用處呢？

找到問題的根源，就真的有了希望。

李笑來

二〇〇九年春於北京

2 干將、莫邪均為古寶劍名。相傳春秋時期吳人干將與妻莫邪善鑄劍，二人耗費三年時間為吳王闔閭鑄得陰陽二劍，鋒利無比，陽劍名為「干將」，陰劍名為「莫邪」。後因此以「干將」和「莫邪」代稱利劍。

目錄

PART1

拖延：時間問題無所不在

PART2

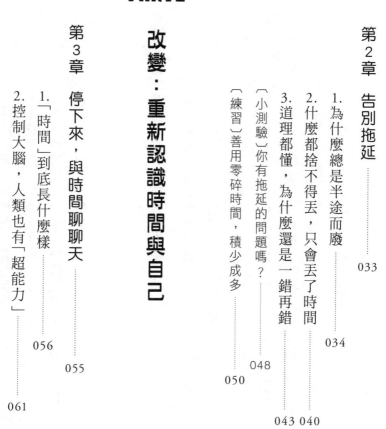

改變：重新認識時間與自己

第4章 要管理的不是時間而是自己……087

PART3

成長：與時間成為終生的朋友

第8章 成功是用正確的方法做正確的事情 211

Part I

拖延，
時間問題無所不在

被自己的拖延打敗，這滋味實在不好受。

更讓人難過的是，

這種挫敗感會一直在生活和學習中反覆出現。

第1章
是誰偷走了你的時間

Deadline——做不完你就死定了！

很多學生既勤奮又懶惰，

是因為他們得了一種「病」——時間恐慌症。

1. 糟糕，沒時間了

當你在拖延中浪費掉大把時間，
無法完成任務的時候，
真正讓你難過的是——挫敗感。

下週一就要英文考試了，你還有五張英文測驗卷沒有做。週五放學前你就做好了計畫——星期五看球，星期六打籃球，星期日做測驗卷……五張而已，有星期日一整天的時間，絕對沒問題。所以你星期五痛痛快快地看了幾場球賽——歐洲杯和NBA都已進入關鍵賽段，你還特意重溫了最精彩的幾場。星期六和同學在球館打籃球，你搶到了一個籃板球，球風太順了！這個週末過得實在完美。不對，你好像忘了什麼？天啊！星期日還有測驗卷要做……

星期日你起了個大早，吃完早飯，走向書桌的途中，你突然想起昨天的髒球衣還塞在書包裡。你趕緊回房間取出髒球衣，把它們塞進洗衣機裡。如果媽媽在家看到這一幕，一定會流出感動的淚水，這是她平時經常數落你，而你從來不主動做的事。而今天，為了晚一點做那些測驗卷，你寧願當一回「乖寶寶」。

再次前往書桌的途中，你突然想起來昨天搶到的那個籃板球。說來有些懊惱，打了三年籃球，那是你搶到的第一個籃板球。「我肯定長高了」，你這麼想著，在門框邊站直身體——哇哈哈！真的長高了三公分！你在門框上用藍色的油性筆做了一個記號，用手機拍了一張照片，發在了微信朋友圈，並且得意地關聯到了QQ空間[1]。

經過幾番掙扎，你終於決定「正式開始」！

你心情沉重地把英語測驗卷拿出來，再也沒有什麼理由阻擋你做測驗卷了吧？

手機傳來「叮」的一聲，有人回覆了那條朋友圈，是昨天一起打籃球的同學：「這什麼鬼呀？昨天的球賽看了沒有，別跟我說你看《跑男》[2]去了。」

你腦袋嗡的一聲響，凌晨有歐洲杯小組賽的直播，明明調好鬧鐘才睡的，居然沒把你吵醒！趕快補起來，不然被這幫人劇透了就糟了。

喂喂！你還有測驗卷沒做！測驗卷？測驗卷是什麼？

你以光速打開IPAD，點開視頻APP，關掉彈幕。其間，只在插播廣告的時候，去廚房冰箱拿了一罐可樂，吃了一包洋芋片。整場比賽五十二分鐘，你的眼睛幾

1 QQ空間是騰訊計算機通訊公司於2005年推出的一個微部落格系統，目前活躍於中國大陸。

2 《跑男》是綜藝節目 Running Man 的中文直譯。

乎沒有離開過液晶螢幕。

球賽結束，你粉的球隊輸了，懷著滿腔悲憤，你回覆了那條朋友圈，很快，你同學也回覆了你，於是，你們就在那條朋友圈之下，你來我往聊了起來。

聊得正高興，你媽媽在你的朋友圈下面發布了一條評論：「喂，你長高了我很高興。但是這次英語考試要是考砸了，我會很不高興……你的測驗卷還沒開始做吧?!」

真是知子莫若母……你陡然抬頭看向牆上的時鐘，失聲驚呼：「糟糕，沒時間了！」

拖延帶來的挫敗感

以上的這一幕是不是似曾相識？整整一天時間，你的鋼筆還在筆袋裡，英語測驗卷一片空白。太尷尬了……你明明就想做的，可卻一拖再拖。這尷尬無論是誰——你的同學，你的好朋友，甚至你的父母，你的老師，要嘛已然經歷，要嘛將會經歷，沒有例外，無法倖免。你和他們一樣，都將因此感受到壓力。

完成任何任務都需要一定的時間，同時，任何任務都有一個最後的期限，在英文世界裡，它被稱為「deadline」，並且，它有一個生動的中文翻譯：「死線」——做不完你就死定了！看到這句話，你一定會想起寒號鳥[3]的故事。在寒風裡凍得瑟瑟發抖的寒號鳥，一次次地唱著：「哆囉囉，寒風凍死我，明天就壘窩。」[4]這隻患有嚴重拖延症的可憐小鳥，唱著唱著就凍死了。

滴答，滴答，滴答，時間永不停歇地向前奔跑。當你在拖延中浪費掉大把時間，無法完成任務的時候，這滴答聲聽起來會格外刺耳。很快，週一到了，面色鐵青的英文老師拿著你的英文考卷，不到一分鐘，已經給了你好幾個白眼；下午放學，還有板著臉的老媽等著數落你，新款籃球鞋什麼的就不要再想了。

當然，這些都不重要。真正讓你難過的是——挫敗感。被自己的拖延打敗，這滋味實在不好受。而更讓你難過的是，這種挫敗感會一直在你的生活和學習中反反覆覆地出現。

時間是怎麼流逝的？

時間究竟是怎樣從我們眼皮底下一點一滴溜走的呢？讓我們看看問題出在哪裡。

3 寒號鳥典故出自寓言故事，最早見於陶宗儀的《南村輟耕錄》卷十五。這是多種原型融合之後的產物，生性怕冷，日夜不停號叫，而俗稱「寒號鳥」。也有人認為牠是一種囓齒類動物，學名叫「複齒鼯鼠」（*Trogopterus xanthipes*）。

4 歌詞出自周雲蓬創作歌曲《寒號鳥》，收錄於專輯《瓦爾登湖》。

仔細分析一下，問題似乎也很簡單，無非就是以下幾種情況：

▽沒有按時開始執行任務。

▽錯誤估算完成任務所需要的時間。

▽在任務的執行過程中出現了差錯。

果真如此的話，那麼解決方案也很簡單：

▽按時開始執行任務。

▽正確估算完成任務所需時間。

▽在執行任務的過程中不要出差錯。

把解決方法條列出來，問題似乎變得很好解決，但是，當你面對真實情況的時候，你還是會一次又一次落入相同的「陷阱」。我們到底該怎麼辦呢？

2. 有種病叫「時間恐慌症」

正是「沒時間了」的想法使他們「勤奮」，同時，他們也因為「沒時間了」而總想找捷徑，最後卻還是失敗。

有一天下課之後，一個男同學遞給我一本《TOEFL iBT高分作文》，想請我在上面簽名。這本書是我寫的，一直以來很受同學們的歡迎。我簽名的時候，他問我：「老師，如果我把你這本書裡的作文全都背下來，到了考場上照寫一篇，會不會被判抄襲呢？」當時我一聽就有點生氣。雖然沒有發作，但是語氣有些不太友好：「你說呢？」那個男同學臉紅了一下，迅速走掉了。

其實，在這件小事中，真正受「傷害」的是我這個老師。

我是一名英文老師，英文作文一直是我最喜歡教授的科目。這門課可以講的內容非常多，而我在課堂上很少講語法、詞彙、修辭之類的東西，我認為那是同學們很容易通過自學掌握的知識。我更喜歡講思維方法，因為這個才是寫好英文作文的關鍵所在。只有想清楚了，才可能寫清楚。

「提高效率」與「走捷徑」是不同的

在課堂上講解如何思考是一件非常快樂的事情，一方面可以幫助我自己鍛鍊思考這項技能；更重要的是，它能真正幫我的學生們寫好作文，他們上我的課也非常開心。

可是那位找我簽名的男同學卻徹底打擊了我。

我那麼賣力地講道理：思考很重要，要學會思考！結果，別說思考，他連作文都想要抄現成的。難道我的課講得那麼沒有效果嗎？我上課時表達得還不夠清楚嗎？「作文，當然要自己寫；就算範文，也是用來參考的。」而且我在《TOEFL iBT高分作文》的前言裡花費了許多筆墨去講如何參考範文。結果怎麼會是這樣？

這件事對我的觸動極大，當我仔細分析原因的時候，發現這是一件非常矛盾的事情：一個不願意自己動腦筋寫作文、考試想抄範文的同學，你說他懶不懶？非常懶！但是，一個這麼懶的人，為什麼又願意把書裡的一百八十五篇作文，全部背下來呢？能夠下定決心背這麼多文章的人，怎麼能說他懶呢？簡直就是非常勤奮呀！

為什麼一個看起來如此懶惰的學生，卻又貌似勤奮呢？我真是哭笑不得。而且要命的是，還不只一個學生這樣問我。許多很努力的學生都曾半開玩笑地問過我這樣的問題。所以，這肯定不是個別的人疑惑，而是一種相對普遍的現象。

經過反覆詢問，認真觀察，我終於找到了問題的答案：**很多學生既勤奮又懶惰，是因為他們得了一種「病」——時間恐慌症**。

據我瞭解，這些同學都非常勤奮，週一至週五按時上下學，週末還要起個大早去各種補習班裡上課。他們偶爾也會玩玩手遊，也許還會看看電影，但他們更多的時候都在努力，甚至廢寢忘食。

正是一種叫「沒時間了」的想法使他們「勤奮」，同時，他們也因為「沒時間了」總想找捷徑，美其名曰提高效率，而實際上卻是想著不費吹灰之力。但是這個世界上有捷徑嗎？顯然沒有，而「沒有時間了」卻是冷冰冰的鐵一樣的現實。

時間恐慌症的後遺症

「沒時間了」確實是一件讓人頭痛的事。

你每天早上一睜開眼就必須要抓緊時間吃早飯，否則上學就會遲到；放學後到睡覺前只有三、四個小時，你必須寫作業、複習、預習，你不抓緊時間根本完成不了；一個學期只有四、五個月，你要在此期間學習各樣知識，參加各種補習，寫超多的測驗卷，否則你就應付不了考試。

時間是有限的，你總是在面對「沒時間了」。

當這種感覺變成一種恐慌引起慌亂的時候，它會讓人不由自主地凡事走捷徑，變得既勤奮又懶惰，既聰明又愚蠢，既勇敢又懦弱，既滿懷希望又時刻感到絕望，既充滿自信又隨時會感到自卑。

但是面對同樣的困境，每一個班上都會有一小部分同學，他們絲毫不恐慌，不論是在學習還是在生活中，他們總能從容地面對所有事：按時交出不錯的作業，從容地參加每一場考試，並且取得不錯的成績。

在一樣有限的時間面前，他們為什麼沒有表現出慌亂？他們是怎麼做到的呢？

小測驗

你能合理安排時間嗎？

是	否	
□	□	1. 花很多時間在讀書上。
□	□	2. 原本要在上課時就弄清楚的事，回家之後再讀一遍才能搞懂。
□	□	3. 沒有什麼時間去做想做的事。
□	□	4. 如果沒有完成當天的讀書任務，會有罪惡感。
□	□	5. 即使學習沒有出現特別狀況，也常常覺得壓力很大。
□	□	6. 學習過程中不理解的地方，會一拖再拖不去弄清楚。
□	□	7. 寫功課的時候很容易分心。
□	□	8. 常常會因為沒有辦法完成當天的功課而犧牲睡覺時間。
□	□	9. 壓力大的時候，會不小心忘記一些重要的約會。

□ □ 10. 常常會拖到最後一分鐘，然後再努力把作業寫完。

□ □ 11. 很容易找藉口拖延不喜歡做的事。

□ □ 12. 會特意做一些事讓自己一直很忙。

□ □ 13. 當你休息一段比較長的時間之後，會有罪惡感。

□ □ 14. 沒有時間閱讀課外讀物。

測驗結果分析

11—14「yes」，救命！你在時間安排上需要改進。

7—10「yes」，當心！你需要重新檢查你的時間行動指南。

3—6「yes」，可以！方向正確，但需要提高衝勁。

0—2「yes」，恭喜！堅持並好好使用你的方法。

第2章 告別拖延

把錯誤的標籤貼在自己身上，
只會把自己推入反覆失敗的陷阱。
堅持不懈，就是策略加上重複。

1. 為什麼總是半途而廢

當你發現問題的時候，
不要一味從精神層面找原因，
還要努力去尋找真正解決問題的方法。

當我們拿起一本新書，通常會翻到目錄頁，先挑最感興趣的章節來讀。我大膽猜測，應該會有很多同學會先翻到這個章節。

如果你也是這樣，不要覺得丟臉，因為，我們大多數人在人生旅途中，總有那麼幾十件甚至幾百件半途而廢的事，這是全人類的通病。不管怎麼說，**放棄可能是這個世界上最容易做到的事了**。

為什麼總是半途而廢呢？我們還是先來構建一個場景，看看到底發生了什麼事。

你有一位喜愛的歌手，有一次他在你居住的城市舉辦了一場演唱會。你和同學們一起去看了。

在那場演唱會上，那位歌手載歌載舞，臨近中場的時候，整個會場的燈光熄滅了，一架三角鋼琴從舞臺中央升起，歌手坐在琴凳上，自彈自唱。

當時，你完全被這個畫面迷住了。在那一瞬間，你突然渴望成為一個有能力自彈自唱的人。

回家的路上，你思考了這件事，其實這也並不難，家裡有鋼琴，在你五、六歲的時候，也曾去學過一些基礎課程。如果從明天開始練習，每天一個小時，可能用不了一年，不，半年，你就可以帥氣地自彈自唱了。

你果然是一個說到做到的人，第二天你就打開了鋼琴，翻出了舊琴譜，第一天暢快地練了一個小時，第二天、第三天都堅持了下來。

但是第四天，你的作業有一點多，寫完以後，時間已經很晚了，所以你只練了半個小時。

第五天是週末，和朋友一起出去玩了幾個小時，回家的時候你已經累得手都抬不起來了。

接下去的幾天因為各種各樣的事，你都沒有完成「一天練一個小時」的目標，於是，你懊喪地想：「唉，還是放棄吧，我就是個沒有毅力，容易半途而廢的人！」

幫自己貼標籤，無法改變現狀

大多數人都有過這樣失敗的經歷，學期開始時你計畫背一千個單字，學期末卻只背了三百個；早上準備要做的事，到了下午都沒有完成……這些小小的失敗每時每刻都有可能發生，你認真地尋找過失敗的原因嗎？

我經常聽到的是這樣一種檢討：

「計畫得再好也沒有用，我就是個沒有毅力的人。」

「一件事我堅持不過三天，沒辦法，我是個沒有毅力的人。」

「想得到但是做不到，我就是太懶了。」

「我總是拖延，我改不了我的問題了。」……

這些同學的認錯態度看上去極其誠懇，但是這些「檢討」能夠幫助他們解決問題嗎？當然不能！這些話多半只是說說而已，他們很快就會陷入相同的窘境。為什麼呢？因為那些「檢討」自己的話並不是失敗的原因。

在我看來，「我是個沒有毅力的人」、「我就是太懶了」都是一些錯誤的標籤，

把它們貼在自己身上，只會把自己推入反覆失敗的陷阱。

是缺乏意志力？還是方法不對？

為什麼這麼說？讓我們先看一個故事。

在希臘神話裡，奧德修斯率領船隊出海，在經過墨西拿海峽的時候，他聽說那裡有一個叫賽蓮的女妖，她會用一種天籟般的歌聲誘惑船員們下船，然後把他們吃掉。於是，奧德修斯命令水手用蠟封住耳朵。而他自己為了欣賞女妖的歌聲，沒有封住自己的耳朵，而是用繩索把自己綁在船隻的桅杆上，聽到歌聲的時候，他想跳進海裡也辦不到，方才安然度過。

我們假想一下，如果奧德修斯在過海峽之前，不是讓船員封住耳朵，而是開了一個大會，勸船員們堅強起來，用自己的意志力去對抗海妖，那麼結果會是怎樣？肯定會有懦弱的船員命喪大海。

所以，當你發現問題的時候，不要一味從精神層面找原因，還要努力去尋找真正解決問題的方法。你沒有堅持每天練鋼琴，真的是缺乏意志力？還是練習的計畫和方法不對呢？

設定階段性的具體目標，更容易完成

現在我為大家重新分析一下整件事：

首先，你的目標是學會自彈自唱。這個目標聽起來不錯，卻不夠具體。

我們知道，當目標大而無當的時候，通常都是很難獲得成就感的。但是，如果把「學會自彈自唱」改成「學會自彈自唱周杰倫的《龍捲風》」，這個任務是不是更加容易完成？

現在目標具體了，我們要如何去完成呢？

舉個例子，例如我的夢想是當一名醫生，而從中學生到醫生之間，是長達十幾年的苦讀，如果不把這個過程分解成一小段一小段的階段性小目標，你將永遠無法從努力中獲得一絲一毫的獎勵。

所以把目標設定成某一首具體的歌，分解成小目標後就變得容易得多，每一次完成一個小任務，還可以給自己一個小小的獎勵。

錯誤的計畫，無法走到對的目標

其次，你的練習方法是一天彈一個小時的鋼琴，但是你卻常常做不到，為什麼？

因為在真實的生活中，意外情況是會不斷發生的，你在計畫時完全沒有提前預估到這個部分，所以輕率地做了「一天一個小時」的計畫，這基本是一個不可能完成的計畫。計畫都錯了，你又如何能夠把它堅持下去呢？

很多人跟你一樣，你並不孤獨

所以，綜合前幾節的內容來看，你還覺得自己是一個「懶惰」、「沒有毅力」、「什麼都幹不了」的人嗎？

在你給自己貼上這些可怕的標籤之前，首先要明白一件事，這是許許多多的人同樣面對的困境，你並不孤獨。

然後，請跟我一起，**拿起時間這把公平的鑰匙，一步一步地分析問題，一步一步地解決問題，最後和時間成為真正的朋友。**

2. 什麼都捨不得丟，只會丟了時間

人的精力是有限的，
沒有人能完成世界上所有的工作，
所以你必須做出選擇。

從前，有一個農夫和一個商人結伴回家鄉。走到半路上，他們撿到了一大堆燒焦的羊毛，於是，他們一人撿了一半背在身上。

後來，他們又在路上發現了一些高級的布匹，農夫將身上沉重的羊毛扔掉，選了一些自己扛得動的較好的布匹。商人卻將農夫丟下的羊毛和剩餘的布匹統統背在了自己身上，沉重的負擔壓得他步履維艱。

走了不遠，他們又發現了一些銀質的餐具。農夫將布匹扔掉，撿了些較好的銀器背上，而商人卻因為身上背的東西實在太重，沒有辦法再去撿銀餐具。

傍晚的時候下雨了，商人身上背著的羊毛和布匹被雨水淋濕後更加沉重了。但是他仍然堅持背在身上。

最後，饑寒交迫的商人摔倒在泥濘中，而農夫卻一身輕鬆地回到了家裡。第二天，他變賣了銀餐具，生活過得輕鬆愉快。

像農夫一樣，學會計畫和取捨，

你未來的理想是什麼？成為老師、醫生、律師、音樂家、警察、運動員？一個人的精力是有限的，沒有人能完成世界上所有的工作，所以你必須做出選擇。

你的一天要做多少事呢？吃飯、睡覺、上課、寫作業、打球、玩網遊、看劇、看書、看電影、聊天……每一項都在瓜分時間，想要在一天之內做這麼多事，二十四小時不睡覺都完成不了。

而另一方面，隨著年齡的增長，每個人的社會角色將會愈來愈多，你的家人、老師、同學、朋友……都會不斷地交給你新的任務，學業愈來愈重，需要你做的事情也會愈來愈多。

然而，**我們每個人的時間都是有限的，我們一生在做的所有事，都在消耗只去不**

回的時間。

你必須像農夫那樣，認準目標，學會計畫和取捨，不斷調整自己的行囊，做出最正確的選擇。

否則，我們就會像那個商人一樣，背著沉沉的包袱，摔倒在泥濘中。

3. 道理都懂，為什麼還是一錯再錯

大腦擁有遺忘痛苦的功能，
但是，如果不對這種功能加以控制，
我們就會重複犯以往的錯誤。

我在教書的時候，注意到一個令我非常驚訝的現象：有很多在學習上非常重要的事，我不得不一遍遍地重複。要命的是，這些道理不僅我說煩了，學生們也聽煩了，但是大家還是會不停地犯著同樣的錯誤。

我有時會禁不住絕望地想：這些孩子將來某一天還會遇到同樣的尷尬、犯同樣的錯，然後又會去讀另一個學習班，又會有另一個老師把我說過的話再跟他們說一遍。也許到時候他們還是會聽不進去。

道理全明白，但就是做起來不行。

大腦的自我保護功能

為什麼人總是在同樣的地方跌倒呢？很多同學都有過這樣的經驗吧：某天在課堂上發呆不專心，老師當著全班同學的面狠狠說了你一頓。當時的你恨不能找個地縫鑽進去，晚上回家躺在床上又罵自己一百遍。

可是，第二天早上一覺醒來，對昨天的事就沒有那麼懊悔了，上課的時候還是忍不住會出神。這種「好了傷疤忘了疼」的事是不是經常在你身上發生呢？

其實大部分人都是這樣很容易原諒自己的。有研究證明，大腦擁有遺忘痛苦的功能，而且這種自我保護的功能是很有意義的。但是，如果不對這種功能加以控制，我們就會遇到尷尬——重複犯以往的錯誤。

要解決這個問題，有個很簡單的辦法——記下來。

在面臨尷尬的時候，一定要用文字、圖畫等形式將其記錄下來。記錄之後還要養成習慣，定期拿出這些記錄回顧一下。這樣做就能經常提醒自己不再犯錯。

另外，大腦「遺忘痛苦」的功能還有另一個副作用。

在生活中，有些我們需要牢記的資訊，但因為大腦學得記憶的過程是痛苦的，所以特別容易忘記。

例如：背單字。一個人若準備留學美國，就要參加托福、各種美國評估測試等考試，這就意味著，他要牢記起碼一萬二千個英文單字，對於很多人來說，這都是一項不太可能完成的任務。

把痛苦的事轉化成快樂的事

很多人並不瞭解自己大腦的運作機制，他們把背單字當作一件特別痛苦的事去做，所以他們對每個單字的記憶都包含痛苦，而大腦為了保護自己，最直接的方法就是遺忘這些單字。

我的一個朋友曾跟我分享他的做法。多年前，他為了拿到獎學金，想在GRE的考試中拿到高分。在準備複習的時候，他被單字量的要求嚇了一跳。他說：「我用了兩天時間才想辦法說服了自己這應該是件快樂的事情。」

他是這麼算的：

一共要搞定兩萬個單字，如果搞定了每年可以拿到四萬美元的獎學金，並且連續五年沒有失業可能；當時美元兌換人民幣差不多是一：八，所以每年的稅後收入大概是三十二萬元人民幣。這樣一來，每個單字大約值二十元人民幣——這只不過算了一年的收入而已。

想到這些，他終於讓自己明白：背單字是非常快樂的。他每天強迫自己背下兩百個單字，在晚上驗收成果。每當他確定自己已經背會一個單字時，他就在這個字前面畫上一個勾，想像自己賺到了二十元。他每天睡覺的時候總感覺心滿意足，因為今天又賺了四千元。

運用心智力量找到新的動力

我的這位朋友顯然是一個有能力運用心智力量控制自己的人。儘管在許多人眼裡他的想法簡直是天真可笑，但事實上，這恰恰是他成功的原因。

他不僅是個有能力自律的人，還是個有能力控制自己情緒的人。

他用自己心智的力量給抽象的目標賦予了實際的意義，於是，擁有了比常人更多

的動力。

堅持不懈是什麼？就是策略加上重複。他的策略使得他比別人重複得更輕鬆、更愉快，所以，最終他屬於那些成功的少數。

小測驗

你有拖延的問題嗎？

是	否	
□	□	1. 寫作業時，會從最容易的開始做，很難也很重要的作業會拖到最後才寫？
□	□	2. 每天回家總忍不住東摸西摸，遲遲不想開始寫功課？
□	□	3. 從來沒有寫過詳細的讀書計畫。
□	□	4. 白天就能做完的事，總是會拖到晚上。
□	□	5. 很難立刻行動，總會拖拖拉拉才開始進行。
□	□	6. 每次媽媽問考試準備得怎麼樣了，總是說「我再看看」。
□	□	7. 平時很懶散，很多事都想明天再做？
□	□	8. 要做某件事的時候，常常腦袋裡會突然冒出很多別的想法，於是先

做別的事，把原來想做的事放到後面才做？

□ □ 9. 越計畫越複雜，最後徹底放棄，乾脆取消計畫或無限期推遲計畫。

□ □ 10. 習慣等到全部細節到位，確定有把握的時候再做。

□ □ 11. 常常因為時間緊迫，作業草草交差了事。

□ □ 12. 書桌抽屜裡藏著一堆零食，一開始讀書就想吃。

□ □ 13. 明明時間已經來不及了，還總是一副不慌不忙的樣子。

□ □ 14. 從來不會主動和別人交流自己的學習情況。

□ □ 15. 團體活動時，總是被孤立，沒人願意與你搭檔。

測驗結果分析

每題選「是」計 1 分，選「否」不計分。

0 — 4 分：輕度拖延。一定要提高警惕，趕緊找到原因，把拖延症扼殺在搖籃裡。

5—11 分：中度拖延。拖延可能已經成為你的一種習慣，改變它需要點時間，也需要耐力。

12—15分：重度拖延。重新審視自我，如果你想改變，必須從現在開始。

小練習

善用零碎時間，積少成多

多多使用零碎時間，對改善拖延的毛病有極大幫助。把你最近拖著沒有做的事，寫在左側。

①

②

③

然後利用以下時間完成這些事：

1. 上學前的十分鐘　2. 睡覺前的十分鐘

3. 放學後準備回家前的十分鐘　4. 午飯前的十分鐘需要做的事情

①

②

③

Part II

改變：重新認識時間與自己

你的大腦不是「你」，你的大腦從屬於「你」。
擺脫焦慮的出路只有一個起點：接受現實。
如何與時間做朋友？
用正確的方法做正確的事情。

第3章
停下來，與時間聊聊天

當你完全瞭解自己的行為與時間之間的種種關係，
然後想盡辦法協調這種關係，就是我所說的
——與時間做朋友，
相信我，你的成績乃至於你的人生
都將會呈現出嶄新的面貌。

1.「時間」到底長什麼樣

不論是誰，每天都擁有二十四小時可供支配，
它是人類與生俱來的財富，且人人平等。

有一段時間，我們的文學影視作品裡有一種題材特別流行——穿越。

何謂穿越？就是指某人因為某種原因，從自己所在的時空穿梭到了另一時空。在同題材電視劇的超高收視率刺激下，穿越故事層出不窮，睡覺穿、洗澡穿、車禍穿、摔跤穿，各種穿法，把時空彷彿穿成了巨大的篩子，幾乎各個朝代都有來歷不明的現代人。

觀眾為什麼如此喜愛這種類型的故事？除開各種幻想的成分，我認為**穿越是人們對無情時間的一種挑戰，也隱含著某種對時間的焦慮**。

時間是什麼？

時間是什麼？

大家在中學的數學、物理課本上都曾學到過，時間是一條有起點、有單位、有指向、無始無終的直線。在牛頓的《絕對時間論》[1]中，時間被形容得極其殘酷，它一直向前，像一列永遠不會回頭的列車，單向前進，勻速流淌，永遠不可逆轉。

時間是神祕的，人們不知道它的盡頭在哪裡。時間也是殘酷的，它摧枯拉朽，永不回頭。然而它也是公平的，不論是誰，每天都擁有二十四小時可供支配，它是人類與生俱來的財富，且人人平等。它是人類衡量生命的計算單位，也是人類換取其他資源最重要的工具之一。

但是在人生的不同階段，人們對時間的感覺是不一樣的。當我們還是孩子的時候，一個學期四、五個月，簡直比一年時間還要長。但是隨著年齡的增長，我們漸漸發現，勻速行駛的時間彷彿愈來愈快了。而當你們到了大概我這個年紀，會感覺到一年快得好像五個月。

這怎麼可能，時間怎麼會變快呢？

1 絕對時空（Absolute time and space）是牛頓自然哲學數學原理的一個概念。絕對時間（Absolute time）不會隨著任何外部的作用或觀察者改變。

時間感的變化

不是時間真的變快了，而是我們的時間感發生了變化。有心理學家專門就此做過分析：人在童年時期，沒有什麼事做，除了吃飯睡覺，整天都在玩，當然會感到時間很慢；但隨著年齡的增長，要做的事情愈來愈多，時間當然就愈來愈快，幾乎是稍縱即逝。

美國的《讀者文摘》曾刊登過一則人生算式，如果將人的一生以七十二歲為標準，除去睡眠、吃飯、娛樂、生病、閒談等占用的時間，人生真正可以用來學習和工作的時間只有十四年。當我們已經開始大叫「糟糕，沒時間了」，我們就必須要仔細思考時間這個問題了。

時間管理的理論能實際操作嗎？

關於時間，一直以來都流行著一種說法——管理時間，或者叫時間管理。但是在我看來，這是一個幾乎不可能完成的任務。誰能對著時間大喊：「時間，你給我慢一點！」、「時間，你給我快一點！」

在時間管理的理論中，有一個這樣的原則：把任務分為重要的和不重要的，再用緊急的和不緊急的去區分它們，最後挑出重要而緊急的任務去做。

這個理論從表面上看起來很有道理，然而，在實際操作中的效果怎樣呢？並不好。為什麼？

在實際的工作和學習當中，幾乎很難區分重要的和不重要的，緊急的和不緊急的。即使你能夠準確地區分它們，等你把重要的事情做完了，那些並不重要的事情還是在那裡，還是需要你去完成。

時間是不可管理的，真正能夠管理的只有我們自己

關於時間管理，市面上流傳著各種各樣的小方法和小技巧，前後不下一百種，難道它們都沒有效果嗎？當然不是，有相當一些還非常管用。但我認為，不解決關鍵性的問題，再多的小技巧都沒有用武之地。

舉個例子：有一天晚上你回家，發現自己忘了帶大門鑰匙。進不了家門的你又餓又睏，要解決這些問題並不難，飯可以到附近的餐館去吃，也可以到附近的旅館睡一晚，都能解決你的燃眉之急，但是你的根本問題並沒有得到解決，你要找到家裡的鑰

匙才能回家。

那麼解決時間問題的鑰匙究竟在哪裡呢？答案只有一個，在我們自己身上。

為什麼說鑰匙在我們自己身上呢？因為，時間是不可管理的，我們真正能夠管理的只有我們自己。只有明白了這個道理，問題才能夠從根本上得到解決。

2. 控制大腦，人類也有「超能力」

你的大腦不是「你」，你的大腦從屬於「你」。
你可以控制它，不再讓自己跟著感覺走，成為大腦的主人。

諾貝爾經濟學獎得主、美國麻省理工的數學教授約翰．納許[2]，患有嚴重的精神分裂症，曾經兩度被送去精神病院。一九七〇、八〇年代的時候，他周圍的親友突然發現，拒絕吃藥的納許漸漸不瘋了。他的眼神變得清澈，行為有了邏輯。有一位記者採訪他的時候問：「請問您不靠藥物和治療是如何康復的呢？」約翰．納許回答說：「只要我想。有一天，我開始想變得理性起來。」

換言之，納許透過掙扎，不再被自己大腦中的幻覺所控制。由此，他成為歷史上第一個用精神戰勝了精神疾病的人。這個故事說明了一個問題——我們可以控制自己的大腦。

說到控制大腦，還有一個很好的例子。

2 約翰．納許（John Forbes Nash Jr.，1928年6月13日—2015年5月23日）。文中描述的經歷曾被改拍為電影《美麗境界》（*A Beautiful Mind*）。

「心智圖」[3]的創始人東尼．博贊[4]在上大學的時候，隨著課業的加重，慢慢發現自己的大腦完全不夠用了。

於是，他翻閱大量資料，開始研究如何訓練大腦，學會正確的思考方式，從而發明了「心智圖」。

每個人都能擁有的「超能力」

這兩個例子都告訴我們一個好消息：**我們不僅可以控制自己的大腦，還可以訓練它，使它變得更加聰明、更加強大。**就像超能者可以意念取物，原來，我們也擁有自己的「超能力」。

有心理學家認為，人之為人，在於我們具有特殊的大腦額葉，正因如此，我們才具備了一種反思能力。有了反思能力的人類，最終擁有了語言，發明了文字，形成了邏輯思考能力。而這些是其他物種所沒有的。所以，人類正是憑藉著這項偉大的「超能力」，成為地球上最強大的物種。

3 心智圖（mind map），又稱心智地圖、思維導圖。
4 東尼．博贊（Tony Buzan)）在 1970 年代創立心智圖。以「心智魔術師」之名著稱於世，也被譽為世界創意智商（Creativity IQ）最高的人！被稱為「大腦先生（Mr. Brain)。

著名的棉花糖實驗

美國史丹佛大學曾做過這樣一項實驗——「棉花糖實驗」。

實驗的召集人是一位心理學家，名叫沃爾特·米歇爾[5]，實驗對象是一群四歲的孩子。實驗時，米歇爾給每個孩子都發了糖，並告訴他們：「我現在有事情要出去一下，你們可以馬上將糖吃掉，但如果等到我回來後再吃的話，你們可以再得到兩顆糖。」

米歇爾仔細觀察著孩子們的反應。

他發現有的孩子迫不及待地剝開糖紙，吃掉了那顆糖；有的孩子看上去有些猶豫，但最終還是禁不住誘惑，也將糖吃掉了；剩下的孩子雖然也很想馬上吃糖，但他們想盡各種辦法，轉移自己的注意力，讓自己堅持下來，例如閉上眼睛不去看誘人的糖果、將頭埋進手臂裡、自言自語地玩弄手指等。二十分鐘後，那些堅持下來的孩子得到了另外兩顆糖。

實驗結束後，米歇爾對這些受試的孩子進行了長達十四年的追蹤。他發現，到了中學階段，那些立刻吃掉糖的孩子在性格方面表現出了一些負面特徵，例如個性衝動、

5 沃爾特·米歇爾（Walter Mischel），棉花糖實驗之父、研究自我控制的權威學者。米歇爾創始的棉花糖實驗（The Marshmallow Test），是心理學史上非常有名、重要的實驗。

固執，面對困難時容易逃避、退縮和不知所措，對於生活中的其他誘惑也常常無法拒絕。

而那些堅持到最後才吃糖的孩子，適應環境的能力更強，他們看起來更加自信，在壓力和困難面前，不會輕易出現緊張、畏懼、逃避等情緒。

他們在追求目標時，能夠迎難而上，遇到誘惑時，也能想出辦法，讓自己不被眼前暫時的好處迷惑。

成為大腦的主人

在本書第一章第一小節《糟糕，沒時間了》開頭那個場景中的「你」，就像那些迫不及待吃掉糖果的孩子，被自己大腦完全控制了。當大腦想要拖延的時候，「你」不假思索地聽從了它的命令，東摸一下西摸一下，就是不去做測驗卷，所以陷入「沒時間」的窘境，淪為了大腦的僕人。

很多人可能一生都不會領悟到這樣一個事實：你的大腦不是「你」，你的大腦從屬於「你」。

儘管你用你的大腦思考，好像它在指導你的行為，但是你要明白，你的大腦不應該成為你的主宰，你可以控制它，不再讓自己跟著感覺走，成為大腦的主人。

3. 開啟心智，讓你的大腦打怪升級

一個人的心智就是他的知識和經驗的總和。
心智和經驗值一樣，是可以發展、可以培養，也可以重建的。

在武俠奇幻類的小說裡，經常有這樣的情節——菜鳥主角因為某種奇遇，吃下靈丹仙草或偶遇世外高人，一夜之間被打通任督二脈，功力大增。在之後的劇情中，主角的運氣更是好得不像話，所有的好事排隊等著他。最後，這個幸運兒經過重重磨礪，終於化身「天下第一」。

這裡的「打通任督二脈」，和我們將要談到的「心智的開啟」有些類似。

與其類似的還有人們經常掛在嘴邊的：「這孩子啊，終於開竅了」；佛教禪宗中的「頓悟」；現代心理學術語中的「打破舊的格式塔，重建新的格式塔[6]」……

不管你明不明白這些類比，相信我，當你「心智」得到了開啟，你的人生一定會有一些不同。

6 這個概念出自格式塔心理學（Gestalt psychology）。格式塔是德語 Gestalt 的譯音，意即「完形」。他們認為學習的過程不是嘗試錯誤的過程，而是頓悟的過程，是結合當前整個情境對問題的突然解決。

心智與智商並不相同

心智究竟是個什麼東西呢？

簡單地說，一個人的心智就是他的知識和經驗的總和（也包括基於這些知識和經驗而造就的思考方法、思考模式）。在遊戲裡，它被稱為「經驗值」。

首先，心智與智商並不是一回事，智商是我們與生俱來的東西，而心智則是後天積累的結果。這就像有人天生一副好體格，可是好武功卻要後天才能習得。

我們大部分人都擁有正常的智商，卻不見得都有正常的心智。據我所知，即便是成年人也大多數都處在心智未開的狀態。我們常說的「聰明人辦傻事」，說的就是這種情況。

心智是可以發展、可以培養，也可以重建的

心智開啟之前，一個人只運用基本智商也能過上正常生活。

然而當一個人的心智開啟之後，他眼中的世界將發生天翻地覆的變化，因為他用來理解世界的工具已經不一樣了。這就好像一個人一直站在山腳下，忽然被帶到了山

頂，眼前的世界豁然開朗。

心智一旦被開啟，它就會不斷地自我過濾、自我積累。這個過程有點像玩遊戲，打了怪獸積累了經驗值從而升級，升級後掌握了新的技能，武器升級、力量增加，打擊怪獸的方式也隨之變得更加高級。

心智和經驗值一樣，是可以發展、可以培養，也可以重建的。而且它「上不封頂」，只要你不斷地學習，它就會像雪球一般愈滾愈大，與此同時，你的學習能力也會成幾何倍數地不斷增長。

開啟心智，開啟嶄新的人生之門

同學們正在接受的教育，日復一日，長達十幾年，如果你在讀到這一節後感受到心智的開啟、頓悟到學習的樂趣，那麼我要恭喜你，你獲得了一把「金鑰匙」，請你握緊它，它會為你開啟嶄新的人生之門。

在這裡送給同學們一位盎格魯主教的話：

當我年幼時，充滿無限的幻想，我夢想著要改變世界。

當我長大一點，我發現世界不會改變，我決定放短我的目光，去改變我的國家。

但是，國家好像也不可以改變。

到了暮年，我決定做最後的嘗試，我只要改變我的家人，那些與我最親近的人。

然而，他們也不曾改變。

現在，我的生命快要結束，我突然醒悟到如果首先我改變了自己，然後透過以身作則，我可能改變了我的家庭。而受到他們的鼓勵，我可以使得我們的國家變得更好一些；說不定，我還改變了整個世界。

4. 記錄時間，開啟人生的成功之旅

記錄調整了我對時間的感覺，在估算任務的時候，
變得更容易確定真正現實可行的目標，更容易達成目標。

二十歲的時候，我讀到李敖的一本書，其中講到一種記日記的方法。[7] 我看了又看，覺得很有些道理，就開始學著他的做法，開始記錄每天發生的事情。

所謂記錄，只記當天自己經歷過的事，其餘一概不記，不記感想，也不記感受，只記錄當天發生的事件本身。

例如：

一九九五年十二月二十日，延吉市

1. 讀黃仁宇《萬曆十五年》。
2. 讀英文原版《刀鋒》。
3. 和李堃一起吃飯，算算有四個月沒見了。

7 參見李敖著《大學後期日記甲集》和《大學後期日記乙集》。

至今，我還保留著這樣的習慣，並因此受益無窮。

透過簡單日記，成為時間的朋友

事實上，只不過每天花費十分鐘左右。後來，為了進一步節省時間，我把這個本子穿了根繩子，掛在家裡洗手間馬桶旁邊的牆上，每天晚上睡覺前坐在馬桶上，順手就寫完了。

這樣簡單的日誌是有巨大好處的。每年下來，就知道自己讀了一些什麼書，獲得了哪些進步，僅僅這一點就非常寶貴。年歲漸長之後，**在記錄的過程中，才覺得自己做的真正有意義的事情慢慢多了起來，時間也漸漸成為自己的朋友**。我也才真正知道她的寶貴，知道她的神奇。

在此之前，我也曾經徬徨過，甚至把時間變成了自己的敵人。掙扎了許多年，還以為自己在與這個世界爭鬥。突然有一天，我發現自己就像唐吉訶德[8]一樣，以為風車是自己抗爭的對象，騎著老馬拿著長矛，一次次朝那個假想敵衝過去。然而事實上，

8 唐吉訶德（Don Quijote）是西班牙作家塞萬提斯的小說《唐吉訶德》的主角。唐吉訶德幻想自己是個騎士，並因此做出種種匪夷所思的行徑，最終從夢幻中甦醒過來。

敵人是看不見的風，還有自己無法控制的——自己的大腦。

如果你正處在這樣的時期，李敖的一段話也許能幫到你，他曾在自己的日記中寫道：「一個人的偉大不凡能有進步，就在於他能從『此路不通』的失敗中，殺出一條『放棄故我』的新路，能夠變化他自己的氣質、舊習與生活方式，咬牙衝向一個『不復做此等人』的蛻變生活。」

用「時間統計法」獲得驚人成就

在我苦惱不堪，與自己與時間爭鬥不休的時候，我的好運氣來了。二〇〇五年的某一天，我偶然看到了一本書，名字是《奇特的一生》（*Эта странная жизнь*。作者格拉寧，一九七四年年首次出版）。

這是一本以真人真事為基礎的文獻。書裡講述了一位蘇聯昆蟲學家柳比歇夫[9]用他自己獨創的「時間統計法」獲得驚人成就的人生故事。

在這本書裡，作者寫道：

9 柳比歇夫（Alexander Alexandrovich Lyubishchev），二十世紀蘇聯昆蟲學家、哲學家、數學家。

柳比歇夫去世後，他身邊最親近的人都驚呆了，誰也沒有想到，他留下的遺產有多麼龐大。他生前發表了七十多部學術著作，其中有分散分析、生物分類學、昆蟲學方面的經典著作，這些著作在國外廣為翻譯出版。

各種各樣的論文和專著，他一共寫了五百多印張的著作。五百印張，等於一萬二千五百張打字稿。即使以專業作家而論，這也是個龐大的數字。

柳比歇夫的遺產包括幾個部分：有著作，探討地蚤的分類、科學史、農業、遺傳學、植物保護、哲學、昆蟲學、動物學、進化論、無神論等；此外還寫過回憶錄，追憶許多科學家，談到他一生的各個階段以及彼爾姆大學……

他講課，當大學教研室主任兼研究所一個室的負責人，還常常到各地考察，一九三〇年代他跑遍了俄羅斯的歐洲部分，去過許多集體農莊，實地研究果樹害蟲、玉米害蟲、黃鼠……在所謂的業餘時間，作為「休息」，他研究地蚤的分類。單單這一項，工作量就頗為可觀：到一九五五年，柳比歇夫已搜集了三十五箱地蚤標本，共一萬三千多隻；為其中五千多隻公地蚤做了器官切片，總計三百多種。這些地蚤都要鑒定、測量、做切片、製作標本。他收集的材料比動物研究所多五倍。他對跳甲屬的分類，研究了一生。這需要特殊的、深入鑽研的才能，需要對這種工作有深刻的理解，理解其價值及說不盡的新穎之處。有人問到著名的組織學家聶佛梅瓦基，他怎麼能用一生來研究蠕蟲的構造，他很驚奇：「蠕蟲那麼長，人生可是那麼短！」

這是一本很薄的冊子，我幾乎是一口氣讀完。掩卷之後，喟然長歎，覺得自己長期堅持的記事的習慣和這位大師比起來簡直不值一提，深感「仰之彌高，鑽之彌艱」，知易行難啊。

然而兩年後，我重讀這本書的時候，驚訝地感歎：「啊？我太笨了，早應該明白的啊！」

柳比歇夫的日誌，是「事件——時間日誌」。他的方法要比李敖的方法更為高級。李敖的事件記錄，往往只能記錄事件的名稱，是一種基於結果的記錄；而柳比歇夫的事件——時間日誌卻是一種基於過程的記錄。這裡的細微差別是，**基於過程的記錄要比基於結果的記錄更為詳盡**。

以下是摘自《奇特的一生》中柳比歇夫的日誌樣本：

烏裡揚諾夫斯克。一九六四年四月七日。分類昆蟲學（畫兩張無名袋蛾的圖）——三小時十五分。

鑒定袋蛾——二十分。

附加工作：寫信給斯拉瓦——二小時四十五分。

社會工作：植物保護小組開會——二小時二十五分。

休息：寫信給伊戈爾——十分。

讀《烏裡揚諾夫斯克真理報》——十分……

透過記錄時間，實現可行的目標

這種基於過程的記錄，它的好處在哪裡呢？

首先，除了詳盡之外，當我們所做的事結果不太好時，我們可以在記錄中，很快找到原因。

其次，我開始嘗試著這樣記錄之後，不到兩個星期，我發現自己對時間的感覺愈來愈精確。

前面講過，人們會隨著成長，感覺到「時間愈來愈快」，這樣的感覺會帶來焦慮。而焦慮會帶來更多的負面影響。

我的體會是，這種記錄調整了我對時間的感覺，在估算任務的時候，變得更容易確定真正現實可行的目標。所以目標更容易達成，從而極少慌亂。

《奇特的一生》我看到第三遍的時候，才真正注意到這段話：

> 柳比歇夫肯定形成了一種特殊的時間感。在我們機體深處滴答滴答走著的生物錶，在他身上已成為一種感覺兼知覺器官。我做出這樣推斷的根據是：我跟他見過兩次面，在他日記中都有記載，時間記得十分準確——「一小時三十五分」、「一小時五十分」；然而當時他沒有看錶。我同他一起散步，不慌不忙，我陪著他；他借助於一種內在的注意力，感覺得到時針在錶面上移動——對他來說，時間的急流是看得見摸得著的，他彷彿置身於這一急流之中，察覺得出來光陰在冷冰冰地流逝。

柳比歇夫這樣的人，才是時間的朋友。他們瞭解時間，通過長時間刻意的訓練，甚至不需借助鐘錶就可以感受時間的一切行動——當然，時間的行動只有一個，自顧自地流逝。

這就是為什麼我在《把時間當作朋友》第一版的《前言》裡寫過這樣的一段話：

> 我有個朋友叫做時間。她跟我算得上是兩小無猜，她默默陪了二十多年我才開始

真正認識她。她原本沒有面孔，卻因為我總是用文字為她拍照，因此可以時常伴我左右。她原本無情，我卻可以把她當作朋友，因為她曾經讓我明白，後來也總是經常證明，無論做什麼事情，只要我付出耐心，她就會陪我甚至幫我等到結果，並從來都將之如實交付於我，從未令我失望。正是因為有了時間作為朋友，我才可能僅僅運用心智就有機會獲得解放。

據我所知，常春藤大學在審閱入學申請時，非常看重學生參與課外活動的數量和品質，原因之一就是考量高中生運用時間這方面的技巧。

真正瞭解自己，真正瞭解時間、精確感知時間

既然管理時間是不可能的，那麼解決方法就只能是：想盡一切辦法真正瞭解自己，真正瞭解時間、精確地感知時間。

如何瞭解自己？請你先問自己幾個問題：你知道你一個小時可以寫多少字嗎？你知道你一個小時可以閱讀多少字嗎？你知道你一個小時可以走多遠的路嗎？你知道你做一張物理測驗卷需要多長時間嗎？你知道你午睡多長時間就可以恢復精力嗎……

當你完全瞭解自己的行為與時間之間的種種關係，然後想盡辦法協調這種關係，就是我所說的——與時間做朋友，相信我，你的成績乃至於你的人生都將會呈現出嶄新的面貌。

5. 制訂預算，在有限的時間裡總是做對的事情

判斷一項任務是不是「真的重要」，只有一個標準：這項任務對你的目標是否有幫助？總是做對的事情會讓你擁有神奇的力量。

前面的練習，你做完了沒有？如果它已經說明你養成了記錄時間的習慣，相信你已經嘗到了記錄時間的甜頭。

那麼我們就可以開始養成第二個好習慣：每天制訂時間預算。

制訂每天的時間預算

在開始一天的學習之前，花費十五至三十分鐘，仔細制訂你當天的時間預算，絕對是特別划算的，正如那句古老的諺語——磨刀不誤砍柴工。製作預算就是在「磨刀」。

最直接的方法就是製作一個清單，把你今天要做的事情列出來。為了表達方便，

以後我們把這些列表中的事情稱為「任務」。例如：

□背單字，另外，還得按照計畫把昨天和上週五背的那兩個列表複習一遍。

□去圖書館，同時也在網上查資料。

□下午要和同學踢球。

□晚上有數學補習。

……

讀這本書的同學，主要的時間已經被課表所安排，但是只要仔細觀察，課外的時間是由自己支配的，並且，想玩想嘗試的東西又那麼多。

當我們早上起床，做一天的計畫時，對這些任務要花費的時間，你已經有了大概估計。如果任務太多，無法完成，你該怎麼辦？

給大家講一個小故事：

在一次講時間的課上，教授在桌子上放了一個空罐，又拿出一些鵝卵石裝進罐子裡，罐子被撐得滿滿的。裝完後他問他的學生：「你們說這罐子是不是裝滿了？」所有的學生異口同聲地回答說：「裝滿了。」

教授笑了笑，從桌底下拿出一袋碎石子，把碎石子倒進罐子，搖了搖，又加了一些，再問學生：「現在滿了嗎？」這一回，學生們沒有著急回答，有一個學生壯著膽子回答說：「也許沒滿。」

「很好！」教授說完，又取出一袋沙子，慢慢地倒進罐子裡。倒完後他又問大家：「現在滿了嗎？」

「沒有滿！」全班同學異口同聲地回答。

「好極了！」教授讚許地點點頭，往罐子裡又倒入一大瓶水，教授正色問他班上的同學：「大家對這件事有什麼看法？」

一個男同學站起來答道：「無論我們的工作和學習多麼忙，行程排得多滿，時間擠一擠總還是有的。」

教授聽到這樣的回答後，點了點頭，微笑道：「答案不錯，但並不是我要告訴你們的重要資訊。」

說到這裡，這位教授故意頓住，用眼睛向全班同學掃了一遍說：「我想告訴各位最重要的資訊是，如果你不先將大的『鵝卵石』放進罐子裡去，你也許以後永遠沒機會把它們再放進去了。」

運用心智，思考哪些事情真的重要

生活就是選擇，你每天都必須把你的「鵝卵石」挑出來。

方法很簡單，把你列表上的那些任務，在最開始的時候按照「不重要」、「一般」、「重要」三個標準標注一下，也可以簡單地標注重要和不重要。標注愈簡單愈容易堅持。

一旦你開始嘗試做標注，會不會發現，其實這件事並沒有看起來那麼簡單。什麼事情是重要的？明明有些事情只是看起來顯得重要，其實並不重要。什麼事情是不重要的？明明有些不重要的事情，只是看起來不重要，其實它非常重要。

不要被我繞暈了，我的意思很簡單——要運用心智，認真地思考一件事情是否真的重要。

判斷一項任務是不是「真的重要」，只有一個標準：這項任務對你的目標是否有幫助。可是，人是很難時時刻刻都保持理智的，每個人都喜歡做有趣的事，上網、玩遊戲、看電視、看電影，這些事當然比背單字更有趣，但它們並不真的有用。

看一集電視劇，短短一個小時就能迅速讓你感到輕鬆愉快；而背單字可能需要幾百幾千個小時，才能讓你成為一個英文流利的人。但是，正是這些現在看起來無趣的事，很可能會給你帶來更深遠的趣味，而這樣的趣味只是更需要時間去完成而已。但是，如果你的目標是後者，你就不得不放棄幾百集電視劇。

如果我們能甩甩頭，提醒自己理智一些，就會知道，**無用的事情再有趣，都不應該去做，或者說少做。而有用的事情，哪怕非常無趣，都應該去做，並且要想辦法讓它變得有趣**。

這聽起來有點教條，也有點不近人情，但是**如果你認真地面對真實的自己，就能想清楚你真正想要的是什麼**。然後運用心智，使你成為你自己大腦的主人。

總是做對的事情，會讓你擁有神奇的力量

審視一下自己的生活，你可能會苦惱地發現，自己經常做的事都是有趣而無用的。例如，在三月的時候，你準備用三個月的時間背一千個單字。可是到了五月底，你才發現其實在過去的兩個月裡，你做得最多的事是跟同學一起玩電腦遊戲。

再例如，你在早上決定白天要把幾個沒有弄清楚的物理知識再好好複習一下，可

是，你剛起床就被同學打來的電話叫去打球了，接到電話的時候，你甚至都忘了你早上做的時間預算。

每個人都有自己的目標，也許你現在還不清楚自己想要的是什麼，但你遲早會發現它，因為它一直就在你心底，只是你還沒有看清楚。

一旦你看清楚了，不管它是「理想」還是「癡心妄想」，都請你拿它來當作你的標準，用這個標準來衡量你的日常，你會輕易地判斷出什麼事「真的重要」，什麼事「顯得重要」。

總是做對的事情會讓你擁有神奇的力量。

當每個人都在拖延，最後又手忙腳亂的時候，你的生活卻非常從容。因為你從一開始就知道你今天的所有輕鬆安逸，都可能是未來的成本，所以，你早就把一些輕鬆安逸安排到未來的某個時段，而心平氣和地每天完成相應的學習任務。

於是，你不僅從容，而且快樂。你變成一個守時的人，一個生活規律的人，一個身邊的朋友都信賴的人。

小練習

打造你的「時間統計法」

1. 按照柳比歇夫的方法，記錄一周「事件——時間日誌」。

2. 請按照「我的通勤時間需要四十分鐘」或者「我一個小時可以走三公里路」這樣的句型，條列寫下自己以及自己的行為與時間之間的種種關係，愈多愈好，愈詳細愈好。

①

②

③

⑥　⑤　④

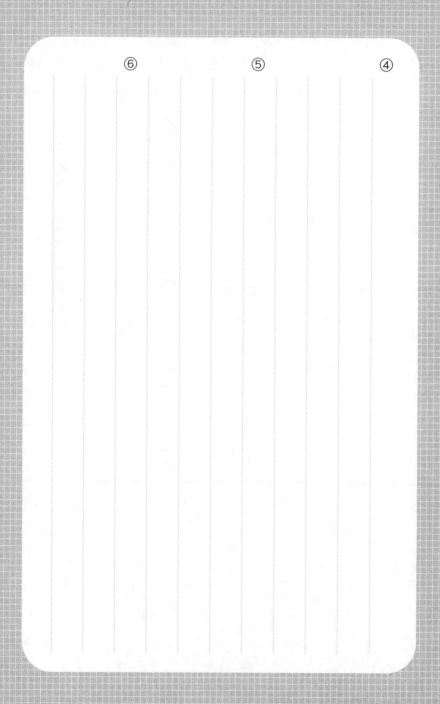

第4章
要管理的不是時間而是自己

擺脫焦慮的出路只有一個起點：
接受現實。
只要做事就一定會遇到困難。
困難點才是積累知識的起點。

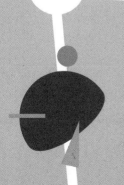

1. 不急躁：速成絕無可能

一方面是要做的事情太多、願望太多；
另一方面是短期內看不到努力的成果。
如何擺脫這種焦慮？
告訴自己：我有不足，我需要時間，一步一步來。

有一年放暑假，小胖跟爸爸一起回老家。爺爺奶奶的家很遠，下了火車，還要翻過一道高高的山脊。他們走了很久很久，兩個多小時過去了，目的地仍在遙遙無際的前方。小胖再也走不動了。

父親嚴厲地對他道：「別盡往前看，低頭看路，下了山就到了。」小胖垂下頭來，不再急躁，也不再一次次眺望遠遠的目的地，而是專注看著腳下的路，不斷欣賞著沿路那些形狀各異的石塊和花草，不知不覺就走到了爺爺奶奶家。

浮躁本來就是全人類的通病

當我們向著一個大目標前進時，難免會像小胖一樣，急躁地眺望那個終極目的地，然後不由自主地想，有速成的辦法就好了！沒辦法，浮躁本來就是全人類的通病。

日本動畫片《哆啦A夢》連載了幾百集，在我看的很有限的幾集裡，有一集讓我印象極其深刻。大雄要考試卻沒有複習，關鍵時刻，哆啦A夢從他萬能的口袋裡拿出了一種記憶麵包，把麵包片往課本上一印，再吃進肚子，什麼都記住了。

我相信看過這一集的同學都和我有一樣的想法：要是有一袋這樣的麵包就好了！

除此之外，哆啦A夢還能拿出一種任意門，想去哪裡，開門就是；他還有一種插在頭上就能飛來飛去的竹蜻蜓……這些東西真的是太合我的心意了，我曾經有一段時間在全國各個城市之間飛來飛去，如果能有一扇這樣的門就太省事了。

人生的有些階段是必須經歷的，沒有捷徑

很遺憾，記憶麵包、任意門、竹蜻蜓……都還沒有被發明出來。但即使沒有這些東西，人們也還是會孜孜不倦地期望速成，這裡面主要有兩個原因：

第一，人們總是希望自己的願望馬上得到滿足。

白天不用上八堂課，晚上也不用熬夜複習做測驗卷，只需要吃下幾片麵包，考試就能考一百分。三年後能考上好高中，六年後能考上好大學。學生時期誰沒有過類似的想法呢？無可厚非。

學習確實不是一件輕鬆的事，而且想把一個東西真正學好，需要付出相當長時間的努力。短期內也很難讓你立刻獲得成就感，所以急躁的情緒很快就會產生。許多人沉溺在網路遊戲的世界裡，就有一部分原因是因為——遊戲「馬上能看到結果」。

例如，在遊戲的世界裡，你不用真的花時間把自己練成肌肉人，開個掛只需要幾天時間，你就可以當上英雄，擁有各種炫酷的裝備，是輸是贏很快就能見分曉，隨時都能享受「馬上能看到結果」的暢快感。

幾乎整個社會也都在想方設法刺激人們的這種天性。書店裡各種暢銷書告訴你，聽力、口語、攝影、書法等等，一切技能皆可「速成」。電視報紙上各種醫藥廣告告訴你，一切疾病皆可藥到病除。公車上的各種培訓廣告告訴你，不管學什麼，來了你就會。有一個防身術學習班期期火爆，看看它的名字就能夠明白原因——一招制敵。

第二，也是浮躁的根源，就是不懂得「人生的有些階段是必須經歷的」。

因此，他們總是很不現實地希望找到一個速成的辦法。可是無論做什麼事都需要時間，而且可能需要更長的時間。舉例來說，媽媽們從懷孕到生產，大約需要四十週時間，不滿三十八週就稱為早產。這個階段是無法跨越的——世界上有沒有一個人是今天懷孕，明天生產的？讀書也是一樣，除了極少數特別聰明的傢伙能夠跳級，幾乎每一個人都必須一級一級地讀上去，無可迴避，也沒有捷徑可走。

一方面是要做的事情太多、願望太多；另一方面是短期內看不到努力的成果——這就是人們總是期望速成的根源。如何擺脫這種焦慮？出路肯定存在，但這出路只有一個起點——接受現實。告訴自己：我有不足，我需要時間，一口氣吃不成個胖子，熬一個通宵變不成學霸，我們只能不急不躁，一步一步來。

2. 不氣餒：用「我有的」才能換「我要的」

沒有付出是不可能有回報的。
速成更是絕無可能，想要有收穫就只有一個字：換！

莫札特是全世界公認的天才音樂家。他在六歲時就已經掌握了古鋼琴的彈奏技巧，並且寫作出了人生第一部小步舞曲。但是人們並不知道，莫札特在六歲之前，他的父親已經指導他練習鋼琴長達三千五百個小時。

文藝復興三傑之一的米開朗基羅，二十六歲時已經開始創作雕塑《大衛》，可謂少年得志。但是很少有人注意到，他六歲就已經住進石匠的家裡，開始長達二十年的學徒生涯。在這漫長的學習過程中，他練習得最多的是如何使用錘子和鑿子。他曾經說過一句話：「**如果人們知道我是多麼努力工作換來我的成就，似乎也就沒有什麼了不起了。**」

奧運游泳冠軍菲爾普斯[1]，曾經拿過二十三枚游泳金牌。人們都說他成功的關鍵是有獨特的身體條件和游泳天賦。但菲爾普斯卻認為他的成功歸功於訓練。他七歲開始

1 麥可．菲爾普斯（Michael Phelps，1985 年～）史上獲得最多奧運獎牌的運動員。同時也擁有史上最多奧運個人項目金牌（23 面）、最多奧運個人項目獎牌的紀錄。

游泳，從十一歲開始認真對待這個項目，隨後七年的時間，二千五百多個日子，他一直都在堅持訓練，只有五天沒有下過水。菲爾普斯說：「如果你休息一天，實力就會倒退兩天。」

事實一次一次向我們證明，沒有付出是不可能有回報的。速成更是絕無可能，想要有收穫就只有一個字：換！

努力過程中的積累，都是偷不走的「財富」

上一天課，積累一天的知識，到了考試的時候，自然能換來不錯的成績。到了升學的時候，再拿不錯的成績去換你想讀的學校，學習你想要的知識。繼續積累，就能拿這些知識，去換你喜歡做的工作。然後，再用你喜歡的工作，換你喜歡的生活。

你肯定要說：「哪有那麼容易的事，你說得太輕鬆了！努力就會有結果嗎？還有這樣那樣的阻力，這樣那樣的麻煩，總之，沒你說的那麼簡單。」

你說得對，人生當然不是一帆風順的，努力也不見得就能達到最終的目標。但是，你不努力，達到目標的可能性豈不是更小？況且，就算你沒有得到你想要的，你在努力過程中的積累，都是偷不走的「財富」。

不管路有多長，總會有一個多少讓你滿意的結果。

用「我有」換取「我要」，形成良性迴圈

所謂成長，就是一個不斷交換、不斷積累的過程。

雖然每個人的起點不同，有些人一生下來就天賦異稟，像莫札特和菲爾普斯那樣；有些人一生下來就含著「金湯匙」，具備比別人更好的物質條件。如果普通人的起點在山腳，那麼這些人的起點可能在山頂。**起點雖然有高有低，但大家都要從起點開始往前走，都相當於是從零開始**，要通過不斷地學習，換取更多東西，積累也會愈來愈多。

而那些什麼都不願做，什麼都不願拿出來交換的人，當然會愈來愈急躁。因為他們從來不積累，也無從交換。又因為急躁情緒的產生，浪費掉更多的時間和精力，從而掉入惡性循環之中，無法掙脫。例如找工作的時候，人家要求應聘者至少有三年工作經驗，但是應聘者沒有工作經驗就得不到工作，進而他就沒有工作經驗……

積累多的人卻恰恰相反，他們總是表現得很從容，因為他們可以用「我有」換取「我要」。即便暫時無法獲得，他們也能夠繼續努力。

所以，「我有」會愈來愈多，「我要」也很容易獲得。如此形成良性迴圈。例如，你想出國留學，但通過努力你現在只有托福四級水準，你仍然可以很從容地繼續努力，過六級只是時間問題。

運用心智的力量，識別「我有的」跟「我要的」

生活的本質就是這樣，擺脫惡性循環的方法只有一個——給我什麼就做好什麼，積累到一定程度再去換能換的東西。要不斷運用心智的力量，識別那些惡性循環，及時跳脫出來。

請你拿出一張紙來，中間畫一條線，左邊寫上「我有的」，右邊寫上「我要的」，逐一條列。完成後儘量客觀地判斷：先劃掉「我要的」當中那些無法用「我有的」換取的；再仔細判斷剩下的這些「我要的」，哪些是必須的、不可缺少的，並在上面做重點標記。

如果有些「我要的」暫時換不來，卻又是必須的，那就要認真考慮一下，要如何進行下一步的積累。

教你一個克服急躁的小技巧，當你特別想得到一個東西，卻暫時無法得到的時候，馬上提醒自己想一想：我現在有什麼？你馬上會感到自己「腳踏實地」。

還有一種最壞的情況，當你拿出紙筆，認真思考之後，發現自己什麼都沒有。這也許令人氣餒，但我要提醒你：你還有時間、還有精力、還有健康的身體、還有正常的智商，有了這些，再加上勤奮與努力，「我有的」這一欄就不會一直空著。並且，機會總是存在的，你必須對此深信不疑！

3. 不拖延：只要做事，就一定會遇到問題

所謂做事拖延，並不是不想做事，
也不是拖延著做事，而是拖延著不開始做事。

從前，有一個窮和尚對一個富和尚說：「我想去南海。」富和尚說：「我們這裡與南海遠隔千里，你要怎麼去呢？」

窮和尚說：「我帶一個水瓶和一個飯缽就夠了呀。」富和尚說：「我一直想雇船去，也沒能成行。你只帶兩樣東西不可能實現。」

結果到了第二年，窮和尚從南海回來了，富和尚聞知此事，十分羞愧。

富和尚早就想去南海了，而且他也有雇船的經濟實力，為什麼他卻遲遲不能成行？與此相反，身無分文的窮和尚卻在一年之內完成任務。

用現代的觀點來看，富和尚是有嚴重的拖延症。

拖延和懶惰是兩回事

幾年前，新浪微博曾發起過一項關於拖延症的討論，有七百多萬網友參與。據投票顯示，其中有超過九成的人勾選了「我有，而且很嚴重」一項，可見拖延在當今社會，是一個非常普遍的現象。

在正式討論這個問題之前，先要釐清一個概念：拖延和懶惰是兩回事。真心不想寫作業，也不準備複習功課，對學習毫無興趣，甚至對做任何事都沒有什麼興趣。這是人們常說的「懶癌」。而拖延完全是另一回事。

所謂做事拖延，並不是不想做事，也不是拖延著做事，而是拖延著不開始做事。

不知道大家發現沒有，有拖延毛病的同學在上網、看電視、打遊戲、踢球、逛街、購物、和朋友們聚會這些事上從不拖延，甚至比誰都積極準時，他們只在某些事上拖延——感覺自己並不擅長的事。

十張英文測驗卷、五道數學題……英文和數學一直是你特別頭疼的科目，做題讓你覺得很痛苦，你總是東摸一下、西摸一下，其實只是在用片刻的拖延，讓自己逃避自己做不好這個結果。

你有沒有想過，為什麼我不擅長這些事呢？其實是一次次拖延的結果，本來用兩天的時間，可以從容做完測驗卷，你拖來拖去只用了一個小時做完，在做測驗卷的過程中，你應該掌握和複習到的重點，沒有很好地鞏固和吸收，一次兩次還不影響成績，但次數多了，你的「不擅長」會像雪球一樣愈滾愈大。

同學們看到這裡，肯定會說：「是啊，我知道都是拖延的錯！現在事情已然如此了，我已經拖延很久了，很多科目我已經拖得成績不是太好了，我要怎麼辦呢？我知道我不能拖延，但是，一坐到桌子前我就不想開始，我意志力太薄弱了，我控制不住自己！」

認清事實，心平氣和解決問題

一說到拖延症，大多數同學都會下意識地拿自己的意志力當理由：「我沒有意志力啊！」這個標籤一貼，做什麼事都拿這個當藉口。要知道，只依靠意志力去對抗拖延是非常非常難的，難度有多大呢？就好像拿一台空氣淨化器去吸一整座城市的霧霾。所以讓我們先放棄這個想法。

我們應該怎麼做呢？

首先，我們要認清一個事實：只要做事就會遇到困難。

誰都希望自己一帆風順，但不管你事前準備得多麼充分，只要開始做事，就一定會碰到各種各樣的困難。

富和尚為什麼去不了南海？因為他認為去南海是一件非常困難的事，他害怕遇到困難。窮和尚卻對這次旅行有非常清晰的判斷，漫漫旅途，困難一定會有，渴了用水瓶打水喝，餓了用缽化緣，遇到問題就心平氣和地去解決，慢慢走一定能走到。

多數人都不是一開始就能做好的

其次，拖延者們總是有一個誤解：他們總是認為，那些能夠做對、能夠做好的人都是直接做對、直接做好的。「他們輕輕鬆鬆、隨便一做就能拿滿分，我不知道做不做得好……」

從表面上看，也許確實總是如此，但大多數人都不是一開始就能做好的，所有的「一帆風順」都是用「失敗」和「不懈的努力」堆砌而成的。每當你覺得別人行而自己不行的時候，請想想那句著名的話：「你知道他有多努力嗎？」

認清了以上兩件事，還必須 get 一個重要技巧——**不看結果，只關注過程**。

以做測驗卷為例，只關注每一道題的具體解法，至於最後能得多少分，會不會比別人做得差——請把這些患得患失的想法丟到九霄雲外，因為它們會讓你重新陷入拖延，浪費你更多時間。

營造不被干擾的環境

在對抗拖延的過程中，你還會碰到各種干擾：手機上的各種消息提醒、推送，一場準點開始的直播，一條不停有人回覆的朋友圈……一不小心，你又會掉入拖延的陷阱。這個時候，你要啟動你強大的意志力對抗干擾嗎？勝算通常不大。所以，在這裡還要告訴你一個小技巧——給自己營造一個不被干擾的環境。

開始學習之前，把手機關機或暫時放在自己很難拿到的地方。如果家裡有去除不掉的干擾源——電視、桌上型電腦，那就去找一個沒有這些東西的地方。圖書館是個好選擇，看到大家都在埋頭苦讀，對你也是一種很好的激勵，去之前別忘了把手機放在家裡。等任務完成了，你大可以輕鬆自在地獎勵自己玩一會兒手遊。

4. 不逃避：效率低下的根本原因，是逃避困難

面對困難，始終選擇逃跑，
在會做的事情上花再多時間也是沒有用的。

我接觸過這樣一些學生：他們每天筆不離手，眼不離書，屁股不離板凳，整天埋頭苦讀，搞得我只認得他們的頭頂。照道理講，一分耕耘一分收穫，這些學生的成績起碼也應該是中等偏上吧。說起來簡直有點悲劇，他們考試成績非常普通，有時候連普通都談不上。

他們如此努力，為什麼卻總是拿不出成績？難道「努力」沒有用？

努力當然有用，只是他們是真的在努力嗎？如果仔細觀察，你會發現，他們只是看起來努力而已，方法根本不對——他們一直在逃避困難。

困難的部分才是累積知識的起點

任何一個任務，都可以被劃分為兩個部分：簡單的和困難的。以測驗卷為例，通常情況下，多選難於單選，簡答難於多選，論述難於簡答。合理的時間安排通常是：迅速做完簡單的部分，而後把時間節省出來專心對付困難的部分。

當我們面對具體的學習任務的時候，很多人會下意識地逃避困難，於是他們的時間安排是這樣的：用大量的時間做自己會做的事，至於困難的部分，要嘛胡亂對付一下，要嘛乾脆無視。

學習是一個漫長的過程，總會階段性地有難有易。簡單的事容易做，也容易出成果，大家當然願意多花時間去做。但是，**在實際的學習中，困難的部分才是積累知識的起點，甚至是唯一的起點**。

那些看起來很努力的人，他們花很長時間去學習，但學的只是簡單的事。準備英文考試，天天只做容易一些的閱讀聽力，但不去練習口語和寫作。每次逃避困難的時候，還要給自己找個藉口：「口語和寫作太沒意思了……」

下面的故事可以幫助你更清楚理解這個問題。

有一名學生為了提高鋼琴技巧，特地拜當地一位非常有名的音樂教授為師。上課的第一天，這位教授給了他一份樂譜。學生看了看，發現這份樂譜有相當難度，他試彈了一下，錯誤百出。下課時，教授叮囑他一定要好好練習。

學生練習了一個星期，第二週上課時正準備讓教授驗收，沒想到教授並沒有聽他練習，而是又給了他一份難度更高的樂譜，「試試看吧！」學生再次掙扎於更高難度的技巧挑戰。

接下來的三個月裡，學生每週都會在課堂上拿到一份新的難度加倍的樂譜，他每次在教授的課堂上都顯得笨拙不堪，但即使他在接下來的一週時間裡練得有多好，卻怎麼樣都追不上進度，學生感到愈來愈沮喪。有一天，他再也忍不住了。他提出了自己心中的質疑。

教授沒開口，他抽出最早的那份樂譜，交給了學生，笑著說：「彈看看吧！」不可思議的事情發生了，連學生自己都驚訝萬分，他居然可以將這首曲子彈奏得如此美妙、如此精湛！演奏結束後，學生愣愣地望著老師，說不出話來。

「如果，我任由你表現最擅長的部分，可能你還在練習最早的那份樂譜，就不會有現在這樣的程度……」

無視困難，就可能錯過體會學習的樂趣

面對困難，始終選擇逃跑，在會做的事情上花再多時間也是沒有用的。當然，在學習的過程中，確實有很多枯燥無趣的內容。如果你無視它，很有可能會錯過體會學習樂趣的機會。

我自己就有一個這樣的例子：我寫作的詞彙書《TOEFL核心詞彙21天突破》這些年一直賣得很好。寫這本書我一共用了九個月，其中，最有意思的部分一個月就完成了，而剩下八個月的工作都非常枯燥，拷貝、粘貼、編輯、整理、審閱、修改、反覆……但是如果我不做這些無聊的工作，我的書是不可能上市的。

學富五車的李敖曾把漫長的求知過程分成四步：第一步是發大宏願，第二步是勉強去做，第三步是養成習慣，第四步是興味盎然。大多數人走到第二步就已經折戟沉沙，希望你能戒驕戒躁、穩紮穩打走到第四步。

5. 不奢求完美：沒什麼事情是一下子就能做好的

誰都是從差開始到不差、到好、到相當好的，

這個過程中的每個環節都無法跨越，只能一步一步來。

聰明、美麗、快樂、健康、博學、富有、幸運……如果這些詞都是用來形容我的該有多好呀！我們都想成為完美無缺的人，但是大部分人都是很清醒的，這麼多好事不可能被誰一口氣占盡，這個世界並不存在完美。但追求完美的人仍然存在，他們被殘酷地分為了兩種類型：第一種是失敗者。

失敗的完美主義者

一個四歲大的孩子對爸爸說：「爸爸，我想用這些木頭做一架飛機，帶你和媽媽飛到天上去！」孩子以為自己能用木頭做一架飛機，是因為他還小，不懂事，不知道自己還沒有能力用木頭做飛機。而那些不現實的、盲目要求完美的人，跟這個四歲大

的孩子差不多，對一件事愈缺乏瞭解，提的要求就愈高，愈發追求完美。

據英國國家語料庫[2]的統計資料表明，最常與「完美主義者」（perfectionist）這個詞一併出現的詞彙是「脆弱的」（vulnerable）。

為什麼呢？**完美主義者為什麼是脆弱的？因為，他們對事實缺乏瞭解，世界本來就是不完美的，他們追求的是不存在的東西，當然會常常受到打擊。**

別讓「做不好」成為藉口

從未把事情「做好」過，所以對「做好」全憑想像。**因為不懂，所以不現實；因為不現實，所以脆弱。久而久之，這也變成了一個不去做任何事的藉口。**

「做不好的事情我不做！」如果有一天，你無意中說了這樣的話，也許你需要冷靜下來，仔細想一想，這是不是只是你的一個藉口。

這裡所說的「做不好」，很可能是「不能一下子做好」，但問題是，沒有什麼事情是一下子就能做好的。如果這個也不做，那個也不做，到最後，已經不是「不做一些事情」了，而是「什麼都不做」，結果「一事無成」。

2 英國國家語料庫（British National Corpus，簡稱 BNC），極具代表性的當代英語語料庫之一，語料庫詞數超過一億。

人就是這樣，自己水準愈差，對自己要求愈高——當然對別人要求則更高。水準愈高的人，常常對他人更寬容。梅蘭芳[3]教徒弟的時候最常說的話就是：「這樣已經不錯了！」

綜觀所有學習能力強的人，他們都有一個重要的特徵：對自己的差有很強的容忍度，因為他們知道自己終將進步，自己終將能進步到沒那麼差甚至相當不錯的地步——因為他們已經有過無數次如此的經驗。他們知道誰都是從差開始到不差、到好、到相當好的，這個過程中的每個環節都無法跨越，只能一步一步來。

成功的完美主義者

這個世界上還有另外一些被稱為完美主義者的人，他們是成功者。他們有能力把事情做到更接近完美，並且一直在努力。

例如，好萊塢導演詹姆斯·卡麥隆（James Cameron）就總被人稱作「完美主義者」。在藝術的道路上，他為了追求完美，不斷磨練自己的能力，並且堅持不懈。很多年以前，他執導過的《魔鬼終結者》[4]系列電影、《鐵達尼號》（*Titanic*，1997）獲得巨大成功，

3 梅蘭芳，京劇「四大名旦」之首，為梅派創始人。

4 《魔鬼終結者》（*The Terminator*，1984），美國科幻動作電影，阿諾·史瓦辛格主演，上映後取得正面平價與票房上的成功，後續又拍了三部續集。

他一躍成為當時好萊塢最當紅的導演，許多投資人都非常青睞他，他本可以立刻開始著手拍攝《阿凡達》[5]，但是卡麥隆並沒有倉促開始，而是花費了十多年的時間，做足了各種準備。

為了創造完美的3D效果，他耗資一千四百萬美元與日本索尼公司合作開發出了他理想中的攝影設備；為了能完整地把握3D電影的拍攝方式，他參與了另外一部3D電影《地心歷險記》（*Journey to the Center of the Earth*，2008）的製作……這一切努力，最終成就了震撼人心的《阿凡達》。

好萊塢的另外一位導演克里斯多夫．諾蘭也總被稱為「完美主義者」。為了追求《全面啟動》（*Inception*，2010）的完美效果，他準備了十年時間。為了使自己真正擁有駕馭宏大場面的能力，他在十年中，連續接拍了兩部蝙蝠俠[6]系列的《開戰時刻》（*Batman Begins*，2005）與《黑暗騎士》（*The Dark Knight*，2008）。

然而，即便是這樣追求完美的導演，他也經常在各個場合重複那句名言：「電影是缺憾的藝術。」

5 《阿凡達》（*Avatar*，2009），美國科幻史詩電影。現為有史以來全球票房收入最高的電影。
6 蝙蝠俠（Batman），是美國漫畫人物。曾被選為「漫畫史上最偉大的50位超級英雄」的第一名。故事曾被改編為電視劇及多部電影。

接受不完美才能向「更好」靠近

講完了這兩種完美主義者，同學們覺得自己更接近哪一種呢？

總分一百二十分的試題，我們不可能次次都拿到一百二十分，但我們可以去努力。

因為不能拿到高分就不去學習，不能把事情做到完美就不去做，這是失敗者的藉口，我們要學會接受自己的不完美，也要接受世界的不完美，只有接受這些，我們才能一步一步向更好靠近。

6. 不鑽牛角尖：未知永遠存在

未知分為兩種：一種是永遠不能解決的；
另一種是在可預見的未來也許能夠解決的。
只有不斷地去適應未知，我們才能「在未知中不斷前行」。

二〇〇四年，「雷克雅維克快棋賽」的賽場上，傳奇天才蓋瑞．卡斯帕洛夫（Garry Kasparov）[7]對戰十三歲小將馬格努斯．卡爾森（Magnus Carlsen）[8]。這是一場非常驚心動魄的國際象棋大賽，比賽時間非常短，可以說是步步驚心，但就在這個選手們惜時如金的賽場上，發生了一件奇異的事情。

正當比賽進入關鍵賽點的時候，卡爾森突然站起身來，悠閒地在場上走來走去散起步來。在場所有的人都驚呆了，他的對手卡斯帕洛夫雖然表面上沒有表現出驚詫，但他在接下來的表現中，明顯失常。而這員十三歲的小將卻愈戰愈勇，最終與其打平。卡爾森也因此成為史上最年輕的頂級國際象棋棋手。

少年棋手當時在想什麼呢？一局棋到了生死存亡的賽點，他的思路突然梗在了那

7 蓋瑞．卡斯帕洛夫（Garry Kasparov），西洋棋特級大師，曾 23 次獲得世界排名第一。曾兩度與 IBM 開發的超級電腦深藍進行西洋棋比賽。Netflix 的暢銷影集《后翼棄兵》（The Queen's Gambit）亦邀請蓋瑞為此劇顧問。

8 馬格努斯．卡爾森（Magnus Carlsen），挪威西洋棋特級大師，前西洋棋世界冠軍。曾擊敗多位西洋棋特級大師，被稱為「Wonder Boy」（神童）。

個地方，一時想不出辦法，於是，他站起來讓自己放鬆。他到處走走看看，甚至還掃了幾眼其他選手的棋盤，突然，他靈光一閃，思路打開了。

在我們的學習中碰到過這樣的事嗎？一個問題突然攔住了我們的思路，怎麼想也想不通，於是耗費大量的時間追根就柢，一定要把這個問題解決。但很多時候卻費力不討好。**渾身緊繃的田徑選手是跳不出好成績的。不如讓自己跳出問題，讓自己的大腦透一口氣，答案反而更容易湧現出來。**

「愛鑽牛角尖」的背後，隱藏著對未知的恐懼

除開上述這種鑽牛角尖的情況，還有另一種情況也十分讓人頭痛。

校園裡一直流傳著這樣一句話：老師喜歡會問問題的學生。仔細回想一下，似乎每一個班級裡都有這樣的同學。他們特別愛鑽牛角尖，經常把老師問得啞口無言。當然，能把老師問倒，乍看起來是一件感覺不錯的事。而且，有探索精神，能夠提出問題，並且積極尋找答案，更是一件很好的事情。

但是，大家有沒有設想過這樣一種情況——他們問的問題真的是有價值的問題

嗎？

在這些老師無法回答的問題中，有多少是有解的、值得問的；有多少是根本無解，也不值一問的。愛問問題是好事，但並不是每一個問題都有被提出的價值。例如，大家中學學幾何時都會學到畢氏定理，勾三股四弦五[9]，當數學老師駕輕就熟地講到這個定理的時候，全班五十四名同學，五十三名都非常自然地理解了。但這個時候，還有一位同學在大家全然沒想到的地方卡了關。他弱弱地舉起了手問：「老師，長邊叫勾，為什麼把短邊叫股，斜邊又為什麼被稱為弦？」相信全中國沒有幾個數學老師能回答這個問題。而在西方，這條定理被稱作「畢達哥拉斯定理」，因為發現此定理的人叫畢達哥拉斯，故以此名冠之。可以想見，沒有一個西方人知道勾和股是什麼，更不會問出長邊為什麼叫勾這種問題，但大家在各個領域都自如地運用著這個定理。

在其他領域也是如此——學英文的時候，很多初學者都有過這個疑惑：「為什麼『John』這個名字被翻譯成『約翰』？就算是音譯，也差得太遠了吧？」[10]

不斷適應未知，才能「在未知中不斷前行」

上面兩個例子，聽起來有點可笑，但確實有很多同學曾經為之糾結過。據我所知，

9 西漢時期的《周髀算經》一書中，裡面就有提及「勾三股四弦五」。「折矩以為勾廣三、股修四、徑隅五。」意思就是把一跟直尺折成一個直角，如果短的一段（稱為「勾」）是 3，較長的一段（稱為「股」）是 4，那麼尺的兩端距離（直角三角形的斜邊 ---「弦」）便是 5。

10 可以嘗試到 Google 搜尋一下「為什麼 John 約翰」，看搜尋結果數就知道究竟有多少人曾為此疑惑了。

很多同學在學習的時候喜歡鑽牛角尖，一旦被某個問題難住，就鑽不出來了。學習進行不下去不說，還浪費了大量時間。

事實上，這種「愛鑽牛角尖」的背後，隱藏著一種焦慮——對未知的恐懼。每當這個時候，請你像那位少年棋手一樣，站起來走一走，試著越過那個問題，繼續前進！人類在任何一個問題上都不是全知全曉的。為了進步，我們必須忍受一定的未知。

首先，我們要承認自己不可能全知全曉。有些問題根本沒有答案，就好像「先有雞還是先有蛋」；而有些時候，即使有了答案，原因也不見得是我們現在能夠搞懂的。在這種時候，不是「不求甚解」，而是「暫時不去問為什麼」可能更划算。

其次，未知分為兩種：一種是永遠不能解決的；另一種是在可預見的未來也許能夠解決的。第一種拋開不說，我們必須面對第二種未知，學習的難度也在於此。「第一章的內容需要在掌握後面知識的基礎上才能深入瞭解」，也就是說，在第一章，我們會有無數疑問，可這些疑問只有在對整本書都全面掌握的基礎上才能解答。愛鑽牛角尖的人通常不明白這個道理，卡在第一章動不了了。他們總是想「馬上解決當時不可能解決的問題」。

未知永遠存在，只有不斷地去適應未知，我們才能「在未知中不斷前行」。注意，**繼續前行並不意味著忽略問題**，當你有問題解決不了時，一定要先把它記錄下來，疑慮是思考的起點，帶著這些問題繼續前進，你的學習會事半功倍。

忍受枯燥，成為更強大的人

其實我們在幼年時做的很多事，我們都不知道為什麼要做，只有長大之後才會明白。記得在小學三年級的時候，我父親「威逼利誘」讓我做了一件事——手抄《新華字典》。

為什麼要做這麼無趣的事？剛開始我很抗拒，習慣之後也沒有什麼怨言了，要我抄就抄吧，這一抄就整整抄了一年半。很多年過去了，當年抄字典時「學」到的那些生僻字，大部分已經不記得了。只有一個「鬯[11]」字我還經常在課堂上拿來給大家舉例。但是，我卻在這個「不明原因」的抄寫過程中，鍛鍊出了一種技能——不怕枯燥。學習知識大多數時候都是枯燥的，那麼枯燥的事情我都做過了，還有什麼枯燥承受不了？

現在想起來真是慶幸，我沒有因為「不明原因」就卡在那個地方動不了，也沒有因此不去抄寫。而是帶著疑問，讓自己變成了一個能夠忍受枯燥的強大的人。

11 音ㄔㄤˋ。字義有 1. 古代祭祀時所用的香酒，以鬱金草和黑黍釀造而成。2. 弓袋，通韔。3. 通「暢」，取暢旺、茂盛的意思。

7. 不空想：認清現實，做正確的事

與時間做朋友的方法很簡單：用正確的方法做正確的事情。怎樣判斷所做的事情是否正確？核心只有一個：看它是否現實。

澳洲作家朗達·拜恩在他的作品《祕密》中有過這樣一句話：「開始轉變你對自己的想法吧：你可以做到，而且你具有做到那件事的所有條件。」這本勵志書風靡全球，在中國更是廣受追捧。心理學家稱這個理念為「積極思維」，也就是說以理想化的方式描繪可能的未來。然而這種理想化，很有可能是一種不基於現實的空想。

紐約大學的心理學家蓋布里奧·歐廷珍（Gabriele Oettingen）做了一項實驗，他們找來一些學生，將他們分為三組：積極想像組、消極現實組和混合組，同時交給他們一項任務。混合組需要想像自己完成任務後所獲得的成就，以及要完成任務時可能遇到的問題；積極想像組只需要想像自己完成項目後所獲得的成就；而消極現實組則想像完成任務時可能會遇到的困難。

實驗結果表明，積極想像的那一組，在完成任務時更加拖延，且較少付出努力，追求目標失敗後會體驗到更多的失望情緒。混合組的人更願意在完成任務時投入時間和金錢；混合組在測試時同時進行積極幻想與消極現實的思考，會連結對照美好未來與現實困境，注意到要達到幻想中的美好未來，首先要克服現實的困境。這會促進個體採取行動，接近美好幻想。但如果只有美好幻想或者只會哀歎現實的困難，個體便很難採取行動，也永遠到不了那個美好的未來。

愚蠢的行為往往來自逃避現實

與時間做朋友的方法很簡單：用正確的方法做正確的事情。

正確的方法稍後再說，先講正確的事情。最可怕的不是做事效率不高，而是做錯了事。如果做的事情是錯誤的，效率愈高，結果愈糟。如果做的事情是正確的，效率低一點也沒關係，因為做一點就收穫一點、進步一點，動力就會更強一點，進而更容易堅持下去。

怎樣判斷所做的事情是否正確？核心只有一個：看它是否現實。

幾乎一切愚蠢的行為都來自否定現實、逃避現實。只有接受現實，才可能腳踏實地。如果成功是「用正確的方法做正確的事情，並且按計畫完成」，那麼，那些「時間管理技巧」都是多餘的。最簡單的道理往往最實用——只能接受現實。

無法接受現實的人，往往選擇逃避

接受現實是非常不容易的。有一個例子可供參考。

我們可以很容易地觀察到，這個世界上的資源並非平均分布在每一個人的身上。我們建立一個平面直角座標系，把全人類都放在這個座標系裡，X軸表示一個人所擁有的資源總量，Y軸表示與X軸所對應的總人數。從曲線圖我們可以清楚地看到，極少數人在資源上極端貧困，也只有極少數人在資源上極端富有，絕大多數人屬於中等水準。這就是真實的世界。

這種資源分布上的「不均勻」，看上去簡單易懂，但古往今來，卻有很多人拒絕理解和接受。他們甚至拒絕使用「不均勻」這個詞，而是用「不公平」取而代之。歷史上有無數次的戰爭、無數次的掠奪，從本質上看，都是打著「公平正義」的旗號為所欲為的產物。

在我們生存的這個世界裡，資源原本是有限的，經濟學稱之為「資源稀缺」，所以，體現在個人身上，「絕大多數人都覺得自己擁有的不夠多」。也正因為如此，人們的主觀願望肯定不可能全部得到滿足。

理解這個現實貌似簡單，但平靜地接受卻不容易。那些無法接受現實的人，往往選擇了——逃避。

在蘇格拉底生活的時代，有一個哲學家叫第歐根尼[12]。他意識到現實之後，用限制欲望的方式，逃避現實——「你不是資源稀缺嗎？那我不消費了。我沒有欲望總可以了吧？」累了睡木桶，餓了撿剩飯。只享受真正零成本的所謂「消費」——例如曬太陽。有一次，馬其頓國王亞歷山大大帝[13]專程去拜訪這位哲學家，並允諾滿足他的一個願望。而躺在地上的第歐根尼只是不耐煩地對他說：「我希望你閃到一邊去，不要遮住我的陽光。」

兩千多年後，卡爾·馬克思[14]選擇了另一種形式的逃避——幻想。他注意到了資源的「分配不公」（準確地講應該是「分配不均」），他認為，資源配置的不均勻是人性造成的。他開始幻想：「你不是資源稀缺嗎？沒關係。別看現在是這樣的，但是早

12 第歐根尼（Diogenes of Sinope），古希臘哲學家，犬儒學派的代表人物。

13 亞歷山大大帝（Alexander the Great），即馬其頓國王亞歷山大三世。被認為是歷史上重要的軍事家之一。

14 卡爾·馬克思（Karl Marx），猶太裔德國人，十九世紀政治學家、哲學家、經濟學家、社會學家、革命理論家、歷史學者、革命社會主義者。

晚有一天，物質會極端豐富。到那個時候，人們就可以各取所需了！」事實上，馬克思去世一百多年後的今天，物質已經比他的時代豐富了無數倍，但物質依然稀缺，分配依然不均，貧富差距也愈來愈大。

現代西方經濟學終於正視資源的稀缺性，確認了經濟學的根本目的——研究「如何運用有限的資源發揮最大的效用」。直到這個時候，人類才平靜而理性地接受「資源稀缺」這個現實，其間卻整整花費了將近二千五百年的時間，可見，接受現實多麼不容易。

時間是接受現實的人的朋友

儘管現實如此難於接受，堅強的你卻應該坦然。**以上提到的種種現實，包括「速成絕無可能」、「只有付出才有收穫」、「完美永不存在」、「未知永遠存在」、「現狀無法馬上擺脫」，都既清楚又簡單，你必須接受，還要牢記，並且絕不動搖。**

最好時常把自己的一些想法或者計畫寫下來，然後與這幾條現實對照，看看是否與現實相符。你會發現有些計畫是不切實際的。這是正常的。但是，通過不斷地記錄、思考與反省，你會愈來愈善於認清現實，做正確的決定，做正確的事。

百分之百地接受現實也許痛苦，但浴火才能重生。時間是接受現實的人的朋友，是不面對現實的人的敵人。時間不是故意要這樣做，只不過事實就是如此。

8. 不被夢想綁架：有什麼學什麼，學什麼都努力

首先是要做，然後做到底！
要想辦法在任何情況下找到樂趣。

二〇〇九年七月七日，《新文化報》有一則新聞，十三歲男孩孫天瑞高考六百五十四分，被北京大學和北京航空航太大學同時錄取。孫天瑞的父親希望他去北大，但他本人堅持要去北航，他希望將來專門研究飛機的發動機。最後，他如願以償。

孫天瑞當然是幸運的，擁有聰明的大腦，年僅十三歲就已經確認了自己的人生目標。而大多數平凡普通的人，也許需要好多年才能弄清這件事，況且，我們還會被環境所迷惑。

似是而非的理想

大考臨近，許多同學開始迷茫，選擇什麼科系呢？一場一場的考試在身後追趕，

還不知道自己想要做什麼，已經要開始選擇。大學畢業在即，畢業生們還不知道前面路在何方，就即將進入社會。現在有很多學生說自己對商科感興趣。我對這種興趣一直抱著觀望的態度。他們真的對商科感興趣嗎？很可能不是。

在當下社會，打開任何一份報紙，頭版出現的人物基本上都是政治名人，僅憑直覺，孩子們就知道自己的前途跟這些扯不上關係；再看第二版出現的人物，基本上都是娛樂明星，除了少數孩子會有明星夢，大部分也不會有那樣的想法；再往後看，看到的就是商界名流。孩子們終於看到了一個或許可行的前途，於是，一個想法冒了出來：「我要從商……」

懷抱著這種似是而非的想法，就很容易被自己的理想綁架。很多同學學著這個專業想著那個專業，很多已經工作的年輕人騎驢找馬。他們看起來都很有追求，心裡揣著一個早晚都要去完成的夢想。然而不幸的是，很多人抱著不切實際的「夢想」成為了平庸之輩。

不停改變方向，通往目標的路就更遠

在我看來，一事無成最根本的原因就是放棄。放棄的方法有很多種，最常見的是

「換一個更好的方向」。但是，這個世界上並不存在更好的方向。因為，如果你總是不能安心走自己的路，所謂的「更好的方向」就會不停出現，而你達到目標的路就會越走越遠，永遠到不了終點。

日本的「經營之聖」稻盛和夫[15]，二十五歲時就在精密陶瓷領域內有了劃時代的發明創造，但同時他也是非常優秀的企業家，曾經親手創立了兩家全球五百強企業。但誰會想到，這樣一位以執著著稱的傳奇人物，年輕的時候也曾經想過放棄。他在大學畢業後進入了一家瀕臨倒閉的企業，工作了幾個月都拿不到工資，一起去的同學都紛紛離開了那裡，最後，他也支撐不住了想要離開。但他的兄長狠狠罵了他一頓，認為他這種半途而廢的行為非常可恥。滿心羞愧的他把東西全部搬到了實驗室，從此，決定全心投入到工作中去。正如我們看到的，他的努力拯救了企業，而他也擁有了畢生為之奮鬥的事業。

其實，這個世界上有很多人都是這樣，遇到困難的時候都會本能地去選擇「更好的方向」，但困難仍然會出現，「更好的方向」也會不斷地出現，在不停地放棄中，成功只會愈來愈遙不可及。我從來都不相信「人人都能成功」之類的話，我頂多相信「人

15 稻盛和夫（Inamori Kazuo，1932--2022），京瓷與 KDDI 創辦人。成功挽救破產的日航，使其再度上市。

人原本都有可能成功」。

我總覺得一個人最終成功，往往不是他選擇了「更好的方向」，而是在於他的堅持。對於同學們現階段的目標來說，可以將這句話理解為「不是人人都可以成為學霸，但是人人都可以像學霸一樣堅持」。

如果你的起點是南極，你的目標是北極，那麼，無論你往哪個方向走，只要中途不改變方向，最終會到達北極。但是，如果你中途改變了方向，甚至經常改變方向，你就無法到達北極，甚至可能返回出發點。所以，首先是要做，然後做到底！

認清現狀，有什麼學什麼，學什麼都努力

許多年來，我曾見過身邊不少的朋友被自己的「夢想」毀掉。愈是不滿現狀，擺脫現狀的欲望就愈強烈。我們冷靜地分析一下，現狀是什麼？**現狀是人們過去行為的結果，現狀又是創造人們未來的原因。接受現狀才是最優策略**。

一個人的能力是依靠積累獲得的。不管選擇學習什麼專業，只要開始努力，就會因為不斷地積累而得到相應的回報。一味地抱怨，一味地搖擺不定，時間過去了，什麼都得不到。所以，對很多人來說，所謂「夢想」也許只是陷阱。

有兩個西班牙人，一個叫布蘭科，一個叫奧特爾加。布蘭科的父親是一個富商，住別墅，開豪車。而奧特爾加的父親卻是一個擺地攤的，住在貧民區，靠步行。

從小，布蘭科的父親就這樣對兒子說：「孩子，長大後你想幹什麼都行，律師、醫生、商人……無論你想幹什麼，我都可以請人幫你實現夢想。」

奧特爾加的父親總是對兒子說：「孩子，爸爸的能力有限，你除了跟我去學擺地攤，其他的想也是白想。」

兩個孩子都牢牢記住了父親的話。布蘭科首先報考了律師，還沒學幾天，他就覺得律師的工作太單調，轉去學習醫術。醫生沒做多久，他又覺得當演員不錯，最後，他又決定跟父親學習經商，可是這時，他父親的公司因為遭遇金融危機而破產了。最終，布蘭科一事無成。

奧特爾加跟著父親擺了幾天地攤，感到苦不堪言，可是，一想到除了擺地攤，再也沒別的事可做，他又硬著頭皮跟父親出發了。可是，還沒幹幾天，他又受不了了，又吵著鬧著不肯去了。因為沒事可做，不久，他又跟著父親出發了。

慢慢地，奧特爾加突然醒悟到：「要想永遠擺脫擺地攤的工作，就得認真地將地攤擺好。」結果，幾年後，他終於擁有了自己的專賣店。三十年後，他擁有了屬於自己的服裝集團。如今，該集團在世界六十八個國家中總計擁有三千六百九十一家品牌店，一躍成為世界第二大成衣零售商。奥特加以二百五十億美元個人資產，位列《富比士》二〇一〇年世界富豪榜第九位[16]。

認清現狀，有什麼學什麼，學什麼都努力。要想辦法在任何情況下找到樂趣，抱怨只會浪費更多的精力與時間。這些年我遇到過許多優秀的年輕人，他們都有一些共同的特徵：他們熱愛學習，熱愛生活，不受外界影響，專注而勤奮。他們因為自己每時每刻的努力而變得更優秀也更快樂。

16故事中的奥特爾加就是 ZARA 創始人——阿曼西歐・奥特爾加（Amancio Ortega）。

小練習

記錄你的時間分配

請準備一本筆記本和一支筆，隨身攜帶。不用講究用什麼牌子的筆記本，最便宜的也可以，只要能用就行。

第一步就是要弄清楚自己的時間都用來做什麼了？以下這幾組練習會讓每一個人心驚肉跳的。

第一組練習

這組練習只需要你用一個下午就夠了。

一、認真回憶一下並記錄昨天你都做了什麼。逐條記錄下來，前面寫上編號，後面標注做那件事情花費的時間。例如：

1. 上午補英文，八點三十分從家裡出發，十點十五分從教室離開。花費時間一百零五分。
2. 回家休息，看二十五頁課外讀物，十一點到十一點半。花費時間三十分。
3. 吃午餐，十一點半到十二點，花費時間三十分。
4. 睡午覺。

5. 寫英文作業，差不多下午三點開始寫，傍晚六點左右的時候寫完。大概花了一百八十分。

（哈，我在寫上面幾行文字的時候，就發現自己期間還做了很多沒辦法或者不好意思寫給別人看的，但是確實沒用的事……不過，反正是寫給自己的，不會讓別人看到，所以，一定要誠實記錄。）

二、認真回憶一下，並記錄前天你都做了什麼。同樣逐條記錄下來。

三、認真回憶一下，並記錄大前天你都做了什麼。同樣逐條記錄下來。

第二組練習

這組練習只需要你用一個下午就夠了。

一、認真回憶一下，並記錄上週你都做了什麼。

二、認真回憶一下，並記錄上個月你都做了什麼。

三、認真回憶一下，並記錄上一季你都做了什麼。

四、認真回憶一下，並記錄過去的一年裡你都做了什麼。

第三組練習

一、用一個星期時間，每天晚上回憶一下並記錄當天你都做了什麼。

二、用一個星期時間，每天隨時記錄你剛剛做完的事情花了多少時間。

把這些練習全部做完，如果你覺得筋疲力盡，或者看著這些記錄心驚肉跳，我就要說我最喜歡說的那句話了：相信我，你並不孤獨……

把此刻你想要的條列在下面，給自己一個期限，屆時記得來看你的成果。

①

③

②

Part III

成長，與時間成為終生的朋友

改變自己，什麼時候開始都不嫌晚。
而且千萬不要拒絕學習，
有能力做更多的事，
就會擁有另一個完全不同的世界。

第5章 與時間做朋友，搞定一切還能玩

能做多好就做多好，總好過什麼都不做。
在某些方面需要權威的同時，
自己也要儘量成為某個方面的權威，
這是每個青少年成長的意義。

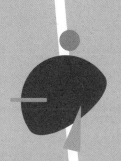

1. 改變自己，現在就來試一試

什麼時候開始都不晚，重要的是你必須現在就開始。

從前，有個農夫買了三畝地。有一天翻地的時候，他發現地中央有塊巨大的石頭。農夫質問賣主：「你怎麼不把這塊石頭挖出來呢？」賣主一臉為難地說：「石頭太大了，我怕很難挖出來，所以遲遲沒有動手。」農夫聽完他的話，二話沒說，拿起鐵鍬就挖起來。沒想到，當他挖起石頭的一角，輕輕一撬，整塊石頭就被挖了起來。原來它只是看起來很大而已。

接受任務之後，什麼時候開始執行才好呢？愈早開始愈好？那還不夠，現在就開始！

有同學曾問我：「我之前浪費了太多時間，現在只剩一年時間就要大考了，就算我現在和時間做了朋友，感覺已經來不及了。唉，要是我早點看到這本書就好了。」如果你也有這樣的疑問，我深感無語。向你們推薦一部青春勵志電影——《墊底辣妹》[1]。

1 電影由真人真事改編，日文原名《学年ビリのギャルが1年で偏差を40上げて慶應大学に現役合格した話》。

重要的是現在就開始

看片名大家基本已經能猜到了，它講的是一個成績墊底學生的故事。主角彩加在高二之前成天渾渾噩噩，只知玩樂，成績完全沒法看，一直是全班墊底。但是到了高二，一系列的變故，使彩加突然覺醒了起來。在補習班老師的幫助下，她給自己訂了一個高不可攀，但是又非常明確的目標——考上名校。周圍的師長和朋友們得知她的決定後，都驚訝得目瞪口呆，包括她的父親都對此嗤之以鼻。她班上的老師竟然說：「如果你能考上，我就在校園裡裸奔。」

這也難怪，當時彩加的知識水準只相當於小學四年級。不管在誰看來，想用一年半時間考上名校，確實是有點癡人說夢。但是，彩加的態度很堅決，她剪掉了自己長長的鬈髮，穿上了土裡土氣的運動服，真的開始努力起來。整整一年半的時間，在無數次的模擬考試成績為E的打擊中，她想過放棄，但是她最終選擇了堅持，最後她考上了名校。

雖然有藝術誇張的成分在裡面，但是，這部電影所要表達的意思，正是我想說的：

「什麼時候開始都不晚，重要的是你必須現在就開始。」

電影《中國合夥人》[2]裡有一句話：「掉在水裡你不會淹死，待在水裡你才會淹死，你只有游，不停地往前游。」**現在就開始，不要拖延，也不要想得太多。從現在開始珍惜時間，將每一個小時都用在有意義的事情上。**

答案只有一個：現在！

在起步晚了的情況下，問題不是「到時候能不能做好」，而是「到時候能做多好就做多好，總好過什麼都不做」。明白了這個道理，以後不管遇到什麼任務，永遠不要再問「什麼時候開始才好」，因為答案只有一個：現在！

如果你想改變你自己，或者你目前的處境並不令人滿意，那就一切從簡——挑出一件你認為最重要的事情，然後給自己做一個時間表，保證自己在未來的一個星期或一個月的時間裡，每天至少專注於這件事情二小時。如果你能專注三小時那簡直是意外之喜，因為一般二小時就基本足夠了。

最初的時候，你可以參考「番茄工作法」[3]。例如，你需要學習兩小時，即一百二十分鐘，那你就可以將這個時間分解成六塊，每一塊二十分鐘。在每個時間單

2 2013 年由香港導演陳可辛執導的劇情片，故事取材於新東方學校的創業史。獲得第 29 屆金雞獎最佳劇情片、最佳導演和最佳男主角三個大獎。

3 番茄工作法（The Pomodoro Technique），法蘭西斯科．西里洛（Francesco Cirillo）創立的任務處理方法。

位過後休息五分鐘，想辦法獎賞自己一下，刷五分鐘朋友圈，玩一場電玩，但五分鐘後必須暫停，進入下一個學習時間單位。

這個方法非常簡單，卻非常有效，很容易就能看到效果，也相對容易堅持下去。並且經過一段時間的堅持之後，你的單位時間會愈來愈長。所以，請各位同學丟掉所有的顧慮，不要再說：「唉，我要是能早點怎麼怎麼樣就好了。」你要說：「嗯，我現在就來試一試。」**後悔焦慮或是對未來患得患失，都是浪費時間且毫無益處的事，認準你要走的路，然後堅持下去。**

2. 不做思想的懶漢

人都有大腦，閒置還是使用，是個問題。
有腦卻不用等於沒腦。

人類是地球上唯一擁有龐大大腦額葉的物種，遇到問題動腦子想一想，對人類來說幾乎是不費吹灰之力的事，可偏偏很多人最常說的是「想那麼多累不累啊？」

隨著年齡的增長，從孩童成長到少年，思考問題的能力也應該隨之增長，這是基本的常識，但為什麼會有那麼高比例的人懶得思考、不願思考、害怕思考、厭惡思考——這個比例保守估計不會低於八〇％。而且，剩下的二〇％中，甚至又有八〇％常常用錯誤的方法思考。綜合來說，在全人類中，能用簡單且清楚的方式把問題想明白的人，幾乎不到四〇％。

你會獨立思考嗎？

人都有大腦，閒置還是使用，是個問題。有腦卻不用等於沒腦。如果用，要如何用呢？

思考，或者說獨立思考，其實並不複雜。只不過是從別人那裡得知一個結論後，自己動腦重新推演一遍，看看得出結論的過程有沒有漏洞和不合理的地方，衡量一下結論到底有沒有道理。這個過程沒有什麼玄妙之處，任何有正常智商的人都應該會做，更是還在校園中的你必須掌握的基礎技能，因為學習的本質就是掌握思考的能力。

童年的時候，父母會幫孩子做決定。大一點的時候，老師的結論影響決定。隨著成長，來自外界的聲音會愈來愈多，在各行各業都有所謂的權威和專家，思考雖然不費力氣，但實在太麻煩了，我們為了避免麻煩而把思考推給了這些權威。

問題很快就出現了：首先，權威都是正確的嗎？其次，同一個問題，幾個權威的意見不一樣，你要聽哪一個的？最後，你選擇了正確權威的正確資訊，但是，你能正確地理解這些資訊嗎？

權威只是思考和認識世界的輔助工具

從另外一個角度來看，拒絕獨立思考，把思考的工作交給別人，不僅不省時間，恰恰相反，這麼做非常浪費時間——甚至浪費一生的時間。

舉例來說，在學習的過程中，我們經常說的「舉一反三」就是一個典型的獨立思考的過程，同樣一個題目，聽了老師的講解，有的同學經過思考，能據此解出另外十道題。而拒絕思考的同學，學一題只會一題，很快就遠遠落後了。不思考，看起來省了事，卻失去了效率，浪費了更多的時間。所以那些拒絕思考的同學，明明在用天下最累的方式學習而不自知。

我們生活在一個不確定的世界，隨時面臨各種選擇，權威不是用來迷信的，權威只是我們思考和認識世界的輔助工具，主要的工具始終是你的大腦。而且，**我們在某些方面需要權威的同時，自己也要儘量成為某個方面的權威，這是每一個青少年成長的意義。**

3. 提高學習效率，讓玩的時間更多點

大腦在放鬆的情況下才能產生更多的靈感。

有一天，班主任拿著一杯水走進了三年二班。大考還剩下最後的一百二十天，老師看著已經滿臉倦容的學生們，舉起水杯問：「各位同學，你們覺得這一杯水有多重呢？」

這個問題問得大家摸不著頭腦，所以回答並不踴躍，有人說兩百克，也有人說四百克，大多數同學都懶得回答這個問題，他們的神經已經高度緊張，根本不關心和高考無關的事情。老師笑著說：「這杯水還不到一百克，我就這樣用手舉著它，以我的體力，一個小時應該沒問題，最多就是手酸。但是我要保持這個姿勢一整天，你們可能要幫我叫救護車了。其實這杯水的重量是一樣的，但是你若拿愈久，就會覺得愈沉重。這就像大家面對的大考壓力一樣，如果我們一直把壓力放在身上，不管時間長短，到最後都會覺得壓力愈來愈重而無法承擔，我們必須做的是放下這杯水，休息一下，等體力恢復後再拿起這杯水，我們才能拿得更持久。所以，各位同學，為了考出

好成績，放鬆精神，多多注意休息吧。」

據我所知，有這樣一些非常勤奮的同學，總是不間斷地在學習，除了睡覺，幾乎什麼都不做、一心一意地學習，一天二十四小時塞得滿滿的，甚至不惜壓榨自己的睡眠時間。這種不講方法、不計後果的勤奮，我是非常反對的。這個世界上，沒有任何一架機器是可以一直用百分百的功率運轉的，人類更是如此。任何人都不可能總是百分百有效率，如果哪位同學強迫自己滿載學習，他就會像一架用百分百的功率運轉的機器一樣，由於損耗太大而提前報廢。

跟富蘭克林學時間運用

班傑明・富蘭克林是美國著名的政治家、物理學家，同時也是出版商、印刷商、記者、作家、慈善家，更是傑出的外交家及發明家。他的頭銜多得簡直令人驚歎，且幾乎每一項都涉足完全不同的領域。他到底是如何做到的？同時完成這麼多工作，而且每一項都能做到出類拔萃，難道他一天二十四小時都在工作嗎？

恰恰相反。從富蘭克林的自傳裡，我們可以清晰地看到，富蘭克林確實非常勤奮、熱愛思考，但他同時也是一個愛好廣泛、很會享受人生的人。除了必要的工作，他會將大量的時間用在社交以及愛好上。他喜歡和朋友們一起開讀書會，喜歡和朋友們聚在一起天馬行空地聊天。他的許多想法都是和朋友們一起輕鬆聊出來的。例如，他二十五歲時建立的一家公共圖書館，初衷只是為了讓朋友們把喜歡的書都放在一起共用。在他的一份日常計畫中，清楚地寫著：午餐兩小時，傍晚聽音樂、消遣或聊天。

放鬆，才能產生更多的靈感

我的一些學生經常能做出長達幾頁紙的任務清單，到頭來能夠完成的卻很少。每個人的能力和效率都有上限。在做時間預算的時候，一定要留有空間。一方面，是留出一些時間處理每天的意外事件；另一方面，我們必須留出時間休息、放鬆，以便恢復精力，在良好的狀態下做更多的事情。更重要的是，**大腦往往在放鬆的情況下才能產生更多的靈感**。

人的大腦是愈運動愈聰明的，良好的睡眠能使你保持更好的體力和腦力。腦科學家認為有規律的運動可以提高人們解決問題的能力。所以，同學們一定要確保有足夠的運動休閒時間。男生們一周打一次籃球，女生們一周去逛一次街，看一場電影，都是非常好的安排。

按照黃金分割定律[4]，如果一天中你可以自主規劃的時間有十個小時，你就這樣規劃吧：大概用六．一八個小時去學習，而用剩下的大約三．八二個小時去享受你的課外生活。那些即將面臨大考的同學更是如此，愈是臨近考試愈是需要保持清醒的頭腦和充足的體力，臨陣磨刀固然重要，但是把自己搞得疲憊不堪，刀是不可能又亮又光的。

運用心智提升專注力

我們再來講講專注力。每個人專注的能力是不一樣的。前面我們已經講到，我們應該成為控制自己大腦的人。而專注力恰恰就是這種控制的成果。

同學們大概自己也有感受，看電視劇、玩遊戲可以一連幾個小時文風不動，甚至忘記吃飯喝水。但是看書寫作業的時候，每隔十分鐘就要看一次手機，很難保持專注。同學們不用為此過於沮喪，這是大部分人都會有的問題——簡單而愉快的感官刺激更容易讓人專注，同時又會本能地去逃避那些相對複雜的腦力勞動。

我們該如何運用心智去控制自己的大腦，提升專注力呢？

4 黃金分割定律又稱黃金比例（golden ratio），應用時一般取1.618。黃金比例有嚴格的藝術感、和諧感，蘊藏豐富的美學價值，也出現在於不少動物和植物的外觀。

相信我，**透過一定的練習，你的控制能力會愈來愈強**。

方法很簡單——做記錄，看看一天當中，哪些事情是無趣卻又非常重要的，又有多少是非常有趣卻毫不重要的；再進一步記錄每一次專注的時間。

不要小看這種記錄，它會說明你鼓勵自己逐步提升，並且在不斷地有意識的練習中，你會發現你的專注力愈來愈好。同時，當你在單位時間內專注力愈來愈長，學習效率會提高，你用於學習的時間如果品質夠好，玩和休息的時間自然就可以安排得更多一些，這種穩賺不賠的好事，你必須試一試！

小練習

分析你的時間效益

1. 請用一星期的時間，連續記錄每天自己做過的「無趣而重要」的事，並在後面標注大概的時間長度。
2. 請將一星期後的感受寫下來，記錄在這裡，一項項條列出這些事帶來的「收穫」，愈清楚具體愈好。

感受：

收益：

①

②

第6章 讓學習成為一件快樂的事情

獲取知識的有效手段——體驗、試錯、觀察、閱讀。
不是有興趣才能做好，而是做好了才有興趣。
所有學習上的成功只依靠兩件事——策略和堅持！

1. 學習是人生最寶貴的禮物

知識才是最寶貴的禮物，
能夠學習是一件幸運的事。

一談到人為什麼要學習，大部分華人孩子可能都會想到這樣一句話：「喏，你再不好好讀書長大了就會去要飯。」雖然是一句玩笑話，但已經包含了大部分華人對學習的理解——好好學習是安身立命的根本。落實到具體的學習生活中去時，這句話又變成了「分分分，學生的命根」。小時候，學習是壓在我們頭頂的分數，長大後，它又直接關係到我們的飯碗。所以，學習對於華人孩子來說，從來就不是一件快樂的事。

讀書真的有用嗎？

伴隨著「分數」的壓力，又產生了另一種看法——讀書無用論。在一些地方，很多生意做得很好的老闆和大集團的CEO都是小學、中學文化程度，而現在好多大學生一畢業都很難找到工作。很多學生提出疑問：讀書真的有用嗎？

每當聽到這樣的疑問，我都忍不住對他們說出那句非常有名的話：「你知道他們有多努力嗎？」首先，學歷不高，並不代表他們不學習。據我所知，他們當中的大部分人，在學習方面付出的努力是一般人的更多倍。其次，隨著時代的發展，富豪榜上那些超級富豪們的學歷已經高到讓人咂舌的地步。當然，**學歷只是一種表象，促成這種成功的主要內在原因就是——學習能力**。

一邊是分數的壓力，一邊是學了也找不到工作。在這樣兩種錯誤的學習觀中學習，我非常理解華人學生的痛苦，但我不得不告訴所有的同學，學習真的是一件非常幸福的事。

獲取知識的基本途徑

我們為什麼要學習？

學習是一種成長，就像吃飯能讓我們長身體，學習知識能讓我們長心智，在生長發育的整個過程中，為了讓心智與身體相匹配，必須不斷學習知識。很多同學大概就要反問：「學習嘛，不就是老師在上面說，我們在下面聽，課後寫作業，回家背課本……」當然，這樣說也沒有錯，同學們現階段面臨的學習生活大概也就是這樣。但是，我想從更廣闊的維度來談論學習，以及我們能夠學習是一件多麼幸運的事。讓我們先從獲取知識的基本途徑說起吧。

獲取知識最為基礎的方法是——「體驗」。

所謂「體驗」，是來自五官的感覺——視覺、聽覺、嗅覺、味覺、觸覺。當我們看某一事物的時候，「看到」本身就是一種體驗。於是，我們知道長城是宏偉的，新買的平板質感是很好的，雞翅是可口的。

比體驗再高級一點的方法是——「試錯」。

有一次在同學家聚會，一位女同學為了證明自己會煮菜，說要煮宮保雞丁給大家吃。大家當然非常高興。幾分鐘後，廚房裡傳出一聲尖叫，大家蜂擁而去，發現她把手指含在嘴裡，眼裡含著淚。我們都很奇怪，不知道發生了什麼事。後來才弄明白，她把油倒進鍋裡，然後開瓦斯。過了一會兒，因為搞不清楚鍋裡的油是否已經熱了，就把一根手指伸進去試了試……當時我們集體目瞪口呆。

這看起來實在太笨，但這位同學應該再也不會把手伸進油鍋了。這就是「試錯」，試過之後，知道錯了，然後就再不犯錯。當然，也許在試過之後，發現不僅沒錯，還很正確，那麼就多了一項新的知識。

魯迅[1]先生曾說，「第一個吃螃蟹的人是令人敬佩的」，「不是勇士誰敢去吃牠呢？」，「螃蟹有人吃，蜘蛛也一定有人吃過，不過不好吃，所以後人不吃了。」[2]

在「試錯」的基礎上，還有一種方法更加聰明一些——「觀察」。

我前面講到的故事還有後續，當大家目瞪口呆地看著那個手伸進油鍋的女生時，屋子裡另外一位女同學喃喃地說：「哦，原來是不可以用手指頭的呀……」大家又愣了一下，繼而哄堂大笑。

「觀察」擴展了我們的學習範圍，我們依靠觀察能獲得更多經驗和教訓，並且轉化為自己的知識。然而，「體驗」、「試錯」和「觀察」都是有局限的。

閱讀是獲得知識的重要方法

首先，大部分知識無法通過「體驗」獲得。例如，地球的構造是怎樣的？沒有人能自己去挖一挖。太陽的溫度是多少呢？也沒人能自己去摸一摸。同樣，大部分知識

1 魯迅，本名周樹人，以筆名魯迅聞名於世。二十世紀中國重要作家。
2 參見《魯迅全集‧第七卷‧集外集拾遺》中的〈今春的兩種感想〉。

也很難通過「試錯」獲得。

所以，還有一種更加重要的方法——「閱讀」。

電影《絕世英豪》（*The Count of Monte Cristo*）中有這樣一個片段，我看過無數遍，對我觸動極大。：

身陷大牢的愛德蒙終於見到挖了六年卻不幸挖到另一個牢房的法利亞神父。見面後，法利亞神父要求愛德蒙幫他挖地道：「為了報答你的幫忙，我將提供給你一樣無價的東西……」

「我的自由？」愛德蒙的眼睛一下子亮了。

「自由是可以被剝奪的。」法利亞神父頗有些不屑，接著說道：「我會將我知道的一切知識教給你：我會教你經濟學、數學、哲學、科學……」

愛德蒙問：「讀書、寫字？」

法利亞神父愣了一下，發現愛德蒙是個不識字的傢伙，頗有些無奈：「……當然。」

這時的愛德蒙已經根本無法拒絕了：「我們什麼時候開始？」

不識字的愛德蒙一心想得到自由，神父卻認為知識才是最寶貴的禮物。因為，沒有知識，精神怎麼會自由呢？**精神不自由，肉體的自由又算得了什麼呢？而精神的自由是誰也奪不走的**。愛德蒙的重生從學習閱讀開始，他開始深刻地思考，很快他便成為一個可以天馬行空的人。

從小學、中學到大學總計十六年的時間裡，我們已經從課本上把哥白尼、伽利略、牛頓，或者達爾文、門得列夫[3]，甚至愛因斯坦等歷史上的巨人們所擁有的最重要的知識，裝進自己的知識庫。除此之外，我們還可以通過閱讀課外書籍繼續拓展知識領域。這是一件多麼幸運的事啊。

3 門得列夫（Dmitri Mendeleev），十九世紀俄國科學家，發現化學元素的週期性，製作出世界上第一張元素週期表。

2. 所有學習的開始都會充滿疑問

千萬不要拒絕學習！
學習是人類所有能力的延伸，
投資報酬率高得驚人。

在新學期的開始，看到各種新增的科目：物理、化學、數學、微積分……有同學會發出這樣的疑問：「學這些東西真的有用嗎？」其實，所有學習的開始都是充滿疑問的，在尚未學習之前，答案只能是「不知道」。有些知識甚至學到最後，很多人也不知道它有什麼用。但正是因為這種未知，有些同學（像是多年前的我）決定認真地去學習，我們稱他們為甲；有些同學卻會隨便對待，我們稱他們為乙。甲和乙將來的命運也許會因為這樣一個小小的選擇產生巨大的不同……

擺脫自身的局限，需要心智的力量

更多時候，甲很可能連想都沒有想過「學這些科目有什麼用」。他從來不問用途，只是自顧自地學習。許多年後，他自然而然地找到了那些知識的用處，並享受了種種好處。於是，這些經驗內化成心智的一部分，下次遇到新的學習機會，他會採取同樣的策略：管它呢，學吧，學了總有用處。他會自然而然地理解「技不壓身」的道理。

我們來說乙。因為乙總是在發出「學這些科目有什麼用」的疑問，他從來不曾好好學習，對很多科目只是隨便應付，隨著時間的推移，他得到的結論只能是「我沒好好學也沒什麼嘛」。而當他走出校園，踏入社會，他會自然而然地無視一切看起來無用的技能學習。這種拒絕學習的判斷，漸漸融入他的心智，根深蒂固。

認真審視一下自己，再觀察身邊的同學，你就會發現：像乙一樣的人更多。認真分析這兩種截然不同的學習態度，擺脫自身的局限，需要心智的力量。

如果說，車是人類腿腳的延伸——使人們走得更遠，望遠鏡是人類眼睛的延伸——使人們看得更遠，電腦是人腦的延伸——使人們算得更快……那麼學習就是人類所有能力的延伸——可以使人們擁有更多的能力，而且只需要花費時間與精力，投資報酬率卻高得驚人。

掌握一門新技能，就多擁有一個世界

但是，顯然很多同學沒有認清這一點。我見過很多拒絕學習的人。我曾經多次嘗試勸我的一個朋友花二十分鐘學習命令列下的批次處理方法，未果。他拒絕的理由是：「現在誰還用命令列啊？早就是視覺化作業系統時代了！」我勸另一個朋友花十分鐘學習一下 Google 上萬用字元的使用，未果。她說：「不用那東西也一樣能找到自己想要的啊！」

我曾經替他們著急，可是後來發現這是個「死結」。為什麼呢？第一，拒絕學習就無法知道學習能帶來什麼收穫；第二，不知道收穫是什麼，就無法體會這種收穫有多好、多大；第三，總是體會不到好處，就會一直缺乏學習的動力。

任何一個人，如果有自學某種技能的經驗，就會知道，在習得的那一瞬間，整個世界都會為之而變。或者換一個說法，**因為有能力做更多的事情了，你就會擁有另一個完全不同的世界**。例如，你熟練掌握了一門外語，你原本生存的世界就多了一扇門，跨過門檻將是另外一個世界。那麼，你比另外一些只懂母語的人，多擁有一個世界。

癡迷於學習的人，正是基於這樣的體會。**每次掌握了一門新的技能，就感覺自己**

重生一次。很多年前，當我學會了當眾演講，世界就變了；當我真正學會了如何教書，我才發現我已經身處另外一個世界……回顧往昔，我感到自己已經重生無數回。

開始學習，就帶來改變

眾所周知，演藝界是一個更新淘汰非常快的行業。那些從影幾十年的資深演員，之所以能屹立不倒，他們過人的演技更多來自勤奮而非天賦。而由於他們的工作性質，他們也是經歷「重生」最多的一群人。

演員們會在每一次演出中，想盡辦法去瞭解他們飾演的角色。勞勃．狄尼洛[4]為了演好電影《蠻牛》（*Raging Bull*，1980）中的拳擊手，先在幾個月內增重三十公斤，而後又在幾個月內減重三十公斤。梅爾．吉勃遜[5]為了拍好《梅爾吉勃遜之英雄本色》（*Braveheart*，1995），曾經花幾年時間去圖書館「做功課」。艾德．哈里斯（Edward Allen「Ed」Harris）為了在《快樂頌》（*Copying Beethoven*）演好貝多芬，花了好幾年時間精進自己的琴藝，揣摩貝多芬的心跡。劉德華為了演好《阿虎》，光是在能自然流露出虎落平陽的神態的這一點上，就自願挨了許多頓打……

對比這些演員二十年前的照片，會發現他們現在的眼神已經變得深邃。我的理解

4 勞勃．狄尼洛（Robert De Niro），美國電影演員和製片人，因電影《蠻牛》獲得奧斯卡最佳男主角獎。於 2003 年獲得 AFI 終身成就獎。

5 梅爾．吉勃遜（Mel Gibson）美籍愛爾蘭裔澳洲電影演員導演及製片。因《梅爾吉勃遜之英雄本色》獲得奧斯卡最佳導演獎，奧斯卡最佳影片獎，金球獎最佳導演。

是，他們每演一部戲就等於活了「一輩子」，而他們早已經活過不知道多少輩子，眼神就變得愈來愈深邃透澈。這正是「學習」最有魅力的地方，任何知識的獲取都是不可逆的。在學習它的那一瞬間，就已經改變了一切，你的眼神、你的生活都會發生變化。

千萬不要拒絕學習！

不管你之前的學習態度是怎麼樣的，也把以前的學習成績先放在一邊。你可以試著選取一項非常容易習得的小技能，花一個下午的時間學一學。例如，學一下復原三階魔方，或者看一本社科類的課外讀物。無論這個小技能多麼簡單和普通，你都會因為這種「習得」感受到一點不同。**一旦擁有了一個起點，學習的快樂就會在你身上生根發芽，無論多大的壓力都壓不垮它**——它會愈來愈茁壯，愈來愈堅強。

千萬不要拒絕學習！

我的故事——「多學點東西總是好事」

這個故事發生在一九八四年。那時我還在讀中學二年級，快放暑假的時候，有一天班主任拿來一張紙貼在黑板上，說是少年宮[6]要辦個什麼學習班，誰有興趣就去看看。第二天，我們一群同學頂著太陽跑跑鬧鬧就去了，其實當時連學什麼都不知道。許多年後的今天，我依然覺得記憶中的那個日子亮得刺眼。

到場的時候，屋子裡早已擠滿了人。我們幾個只好擠到教室的最後面，站到桌子上才能看到黑板。等了好久，才看到一個瘦瘦的男老師進了教室。他一進來也沒說什麼，把一個鍵盤（就是那種最早的R1機型鍵盤）接到一個單色顯示器上，然後在電腦上做了一些演示——一個用字母拼出來的幾何圖形。在現在看來，這是多麼容易的事。但在當年的我們看來，簡直就是神奇，屋子裡不斷地爆發出驚歎聲和歡呼聲。

在一連串的炫技之後，那位老師說：「今天就到這兒吧。」整個教室上百人都發出失望的歎息聲。那位老師又接著說：「明天下午開始正式上課，報名參加的學員，要交十塊錢學費。」

我幾乎是一路跑回家的，跟媽媽一講，她一點都沒猶豫，當時就答應了，說錢等晚上你爸回來就給你。第二天我拿著爸爸給我的十塊錢，興沖沖地跑去找和我一塊去聽過課的同學，結果他說他不去了，因為他媽媽說學那個沒什麼用。

我頗為掃興地一個人走到少年宮，手放在口袋緊緊攥著那十塊錢。要知道，十塊錢在當時是面值最大的人民幣。

到了少年宮三樓的教室，我這才發現那間教室其實特別大，昨天是因為擠滿了人

6 社會主義國家中，提供兒童及少年進行課外活動的公共建築，統稱為少年宮。

才沒覺得。而今天，空蕩蕩的大教室裡連我在內只有五個學生，其中一個還是少年宮的工作人員。後來課程上到一半的時候，還有一個學生中途退班了，她爸爸要回了五元學費。

許多年之後，我跟母親提起這件事，她說她只是想讓我度過一個不無聊的暑假。當時，我父親聽說要交十塊錢學費的時候，也只說了一句話：「多學點東西總是好事。」

那個短短的暑假之後，擺弄電腦給我帶來了無數心靈愉悅。這些暫且不論，只說一件事——在編寫《TOEFL核心詞彙21天突破》的過程中，我在電腦方面的知識派上了大用場。我自己編寫的一些批次處理腳本，在極短的時間裡，幫助我完成了海量的工作。如果我沒有在那個暑假開始學習電腦，而純用手工來完成這些工作，就算多花上好幾倍的時間，也很難保證那樣的品質，而最終品質保證了銷量。

《TOEFL核心詞彙21天突破》這本書，定價二十九元人民幣，自二〇〇三年上市至今，每年至少銷售四萬冊，最多的一年是七萬五千冊。這些年來，這本書為我帶來一百多萬元人民幣的收入。當年學習班的學費現在翻了十萬倍。我常常跟母親開玩笑，說她比巴菲特[7]厲害多了，不到三十年的時間裡，投資報酬率超過百分之一千萬。

7 華倫·巴菲特（Warren Edward Buffett），美國投資家、企業家及慈善家，被譽為世界上最成功的投資者。

順便說一下，在編寫這本書的時候，我還用到了統計學方面的知識。而統計學也是我上大學時課餘自學的一樣東西。學之前我並沒有想那麼多，學了之後我才發現，它是現代科學所有領域都必須用到的數學知識。當年，我在大學圖書館裡翻閱統計學書籍的時候，萬萬不會想到，我會把那些理論應用到英文教學上。

事實上，我都無法想像自己有一天會去教英文。長時間以來，學生們給我的評價是「講課最精彩的老師」，這大概與我練就的超強說服能力有關——但是我之所以能練就這樣的能力，並不是因為我想到有一天能當老師，而是因為我的第一份工作是業務員，我必須學習說的能力。

3. 不是有興趣才能做好，而是做好了才有興趣

不是有興趣才能做好，而是做好了才有興趣。
正是因為人們總是搞錯順序，
所以才有了那麼多半途而廢。

經常有同學告訴我，他們對自己的科系沒興趣——真正感興趣的是某某科系。看得出來，這些同學很不快樂，因為他們覺得自己在做不喜歡做的事情。

與此類似的表達我還聽過很多：「老師，讀書真的有用嗎？我的努力真的有意義嗎？」、「老師，我不喜歡讀書。我對學習不感興趣。」……

每當我聽到這樣的話時，我都深感懷疑。事實果真如此嗎？不客氣地說，九九％的情況下並非如此。

不喜歡，是沒有能力做好？還是逃避短處？

首先，這些同學並不是對正在學習的內容沒有興趣，而是沒有能力把它學好。自己做不好的事當然不喜歡做。

每個人都會下意識地迴避自己的短處：籃球打得不好的男生被同學硬拖上場是不會開心的；唱歌走音的同學通常不太喜歡和朋友一起去唱歌；比較害羞不善言辭的同學通常很少主動舉手回答問題。當然，也會有一些例外，唱歌走音卻居然是麥霸；球打得不好總是要搶著上。

拋開那些個例不說，當我們感到自己對某件事沒有興趣的時候，應該問自己一個問題：我不喜歡做這件事，會不會是因為我做不好這件事？如果是這樣，就要考慮另外一個問題：做好這件事情究竟對自己有沒有意義？如果有，那就努力去做，直到做好為止，沒有其他選擇；反過來，自己做得挺好，但就是不喜歡，那就太簡單了，直接換一件事情吧。

其次，人們總說自己真正感興趣的是其他事情。但真的去做這些事的時候，同樣也要經歷重重困難，挫折不斷。沒過多久，興趣被磨得沒有了，又開始幻想做另外的事情，並且將這一行為「合理化」：「我真正感興趣的原來並不是這個……」

不是有興趣才能做好，而是做好了才有興趣

綜上所述，我個人認為，興趣並不是很重要，至少沒有同學們想像的那麼重要。如果你的鋼琴彈得特別好，比大多數同年紀的人彈得好，你多半不會討厭彈鋼琴。有時候會看到某些父母送孩子去上各種才藝班，說是為了培養孩子興趣，我就趕緊閉上眼睛——不願意看到孩子就這樣被「害」；培養孩子興趣，不是買一架鋼琴，或者買本書給孩子就可以了。事實上，要根據孩子的情況，選出孩子最可能做好的事情；然後還要傷透腦筋幫孩子學得更好——興趣才可能出現。

總而言之，**不是有興趣才能做好，而是做好了才有興趣**。**正是因為人們總是搞錯順序，所以才有了那麼多半途而廢**。大多數的事情都是需要反覆做、反覆練習才能做好的。做得多了自然就擅長了，興趣就大起來了，這是一個良性循環。

「沒興趣」往往只不過是結果而已，卻被當作不去做好的理由，最終的懲罰就是大量的時間白白流逝。

4. 提高自學能力，比別人更快一步

努力把一項技能從不會到會，從不懂到懂、到完全精通，如果真的做到這個地步，你將成為一個非常優秀的人。

按照中國的教育標準，一般是進入大學後才開始培養學生的自學能力。所以，從理論上講，一個大學畢業生就應該有足夠的自學能力。但據我所知，真實情況並不是這樣。在經過了嚴苛的高中學習、通過了大考的獨木橋之後，很多同學一進入大學別說自學能力了，連日常學習都不太能堅持。這是為什麼呢？在中學階段，同學們的學習規律和節奏是受到學校嚴格約束的，上大學之後，突然失去管束，很容易陷入迷茫。所以我的建議是，在上大學之前，我們就必須養成自主安排學習生活的習慣，並且很有必要習得自學的技能。

自學能力的重要

在這裡我想從幾個方面講一講如何自學。

一、**自學能力的基礎，是閱讀理解能力**

文字是人類積累知識、經驗共用的重要方法。大部分人從小學一年級就開始識字，按照識字量來推算，一般到了二年級就能閱讀簡單的短文。但識字就代表已經具備閱讀能力了嗎？當然不是。據我觀察，許多同學在中學畢業之後，閱讀能力都還不過關，只是停留在識字的階段。

「閱讀理解」這件事說來簡單，做起來其實難得很。在閱讀之前，必須有一個辨別資訊的過程——這資訊可靠嗎？有效嗎？對我有什麼樣的幫助？辨別完成後，資訊要經過大腦進一步處理：需要記憶的要記住，記不住的就要複習；不需要全部記憶而又有用的，就要用文字存檔，以便將來能夠隨時找到。

同學們看到這裡應該會感到驚訝：閱讀原來這麼繁瑣呀？確實，智慧手機和移動新媒體讓大家更習慣碎片化閱讀，但沒有人是靠撿地上的硬幣變成富翁的。走馬看花地讀書，效率其實是很低的。此外，由於閱讀方式的改變，大家在選擇閱讀內容時，也總是願意讀那些容易理解的內容。

但閱讀同樣是需要脫離舒適區的，讀起來需要動腦的書，對你的幫助更大。**當大腦裡存儲的有用資訊多到一定程度時，你會發現你的閱讀能力、存儲資訊能力都在不斷增強，更讓你驚喜的是，你擁有了融會貫通的能力。**恭喜你，自學能力輕鬆get！

二、寫作能力在自學能力中占據重要的地位

這裡的「寫作能力」不是寫小說的能力，不是寫詩歌的能力，只是寫作能力中最基本的一種：寫出簡潔、有效、樸素、準確、具體的說明性、說理性文章的能力。

我們的教育把語文和文學過分緊密地聯繫在一起，忽略了文字本身最重要的意義。文學固然是美麗而不可或缺的，但它只是文字應用領域中的一個而已。文字還有更重要的責任——傳遞資訊、積累經驗、共用知識等，對大多數同學來說，後者可能更重要一些。

同學們可以有意識地做一些訓練，看完一篇文章，試著用簡潔而準確的文字概括大意，記錄其中有用的知識點，**這種讀書筆記並不是簡單的抄錄，而是一種非常有益的寫作訓練，同時也是一種思維練習**，會在你將來的自學過程中發揮不可小覷的作用。

三、實踐能力是自學能力最終能夠轉化為真正價值的根本

說到實踐能力，我還是要拿學英文來舉例：很多人天天在學卻從來不用。背單字堅決不造句，卻去練習詞根詞綴記憶法或聯想記憶法；背了那麼多單字，卻從來不讀英文文章，也從來不試著寫英文文章。其實掌握兩千個基礎詞彙、瞭解基本語法規則之後，就應該去「用」英文了。舉例來說，看英文原版書就是很好的應用。有不認識的字就查字典；單字都認識，但整句話就是看不懂，那就查查文法書；如果還是搞不明白，那就問問老師。

我經常遇到問我「這個單字是什麼意思」的學生，他們在第一步就已經放棄了實踐。這是非常讓人遺憾的，我會大聲告訴他們：查一下字典，靠自己學一樣東西吧！這也是我想向正在讀這本書的同學們大聲呼籲的：管它是什麼，完全靠自己學一樣東西吧。

認真思考一下自學能力，認真地付諸實踐，努力把一項技能從不會到會，從不懂到懂、到完全精通，如果真的做到這個地步，你將成為一個非常優秀的學生，並在不遠的將來成為一個非常優秀的成年人。那時，你完全可以自豪地對自己說：「你太有才了！」

5. 學習的成功只靠兩件事——策略和堅持

所謂的「好方法」實際上是因人而異的。

適合所有人的方法基本不存在，不如馬上開始行動。

經常有學生提出這樣的問題：「老師，這個方法真的有用嗎？」而且問我這類問題的通常還都是一些聰明勤奮的學生。這些同學對學習方法非常看重，不僅方法要正確，還要足夠巧妙，而且還有一個重點是——一定要有效率，因為時間有限，如果成功太慢那就不太妙了。

關注學習方法是一件好事，先學習如何學習再去學習，當然能夠事半功倍。但是，同學們有沒有注意到，在學習的世界裡，有很多學有所成的人，往往使用的都是非常笨拙且低效的方法。我的父親就是一例。

跟用功比起來，方法幾乎不重要

我的父親一九六〇年代畢業於黑龍江大學俄語系。「文革」期間，他在五七幹校開始自學英語。在那個時代，沒有像樣的參考書，況且白天還要工作，只能利用晚上的時間來學。但是我父親就是在這樣艱苦的條件下，自學完成了英文教育。文革結束後，國家落實政策，我父親獲得平反，自一九八〇年代初開始在東北的一所高校任教，擔任英文系系主任，直至退休。

我曾經特意問過他很多自學的細節，可以確定的是，他不知道「艾賓浩斯記憶規律曲線」，沒聽說過「金山詞霸」，沒有真人發音的《韋氏字典》電子版，沒有「我愛背單字」之類的APP，更沒有什麼一招制勝的祕笈。他為什麼能在如此艱苦的條件下，把英文學得那麼好？

另外一個相當能說明問題的例子是我所敬重的鐘道隆[8]教授。鐘教授以他的《逆向英語學習法》著稱。請同學們注意，後文的描述沒有任何冒犯的意思，只是嘗試述說事實。鐘教授的方法不僅不新（其中的精髓——「聽抄」，或者「聽寫」，幾乎是所有大學的外語系裡最常用的基礎訓練手段），也並不特別高效。但是，鐘先生四十五歲時採用這個辦法學習英文，只用了一年時間就成為高級翻譯，很多使用「逆向法」

8 鍾道隆，軍事通訊專家、教授。逆向英語學習法創始人，電腦語言學習複讀機發明人。

的學生也都取得了很好的學習效果。這又是為什麼呢？

還有眾所周知的例子——大名鼎鼎的、「瘋狂」的李陽[9]。當年，他讓三千多名學生集體下跪，後來又勸女大學生削髮拜師明志；他操著一口讓人折服的漂亮英文發音，用「瘋狂」到令人為之震驚的態度，征服了大江南北無數的學生。拋開那些爭議，有一點是可以確定的，李陽通過他創造的「瘋狂」學習法成功地學會了英文，而且，這種方法使很多學生真正提高了英文水準。這又是怎麼回事呢？

還有，我以前工作的地方「新東方學校」，以托福和GRE培訓著稱。學校創始人俞敏洪發明的「詞根詞綴記憶法」一直以來非常流行。這個方法其實也並不是什麼靈丹妙藥，只是一個輔助手段而已。但是，俞敏洪本人確實有很大的詞彙量，而他的學生也都從中獲益，考出了好成績。可是，那套方法並不新鮮啊！

我的父親就不太欣賞「詞根詞綴記憶法」。有一次，我跟他大談特談這套記憶法，他聽完之後，想了想問我說：「你是用偏旁部首背下所有漢字的嗎？你學會常用的三千個漢字之後，遇到不認識的字還不是要去查字典？那時如果非要用偏旁部首猜測的話，難道不是一猜一個錯嗎？中文中有專門的詞告誡人們切莫『望文生義』，難道你忘了嗎！」

請同學們注意一件事，他們使用了各自的學習法，他們都很成功。更準確一點講，

9 李陽，中國著名「瘋狂英語」創始人。因大學學英文時常補考，故發展出一套從口語突破的英文學習法，後來擔任英文播音員、領事館口譯等工作。

他們自己都很成功，但是用的方法卻並不相同，甚至可能相左。可是，如果仔細觀察，我們就會發現他們有一個共同點——他們都是非常用功的人。其實，我一直想說的是：**跟用功比起來，方法幾乎不重要。**

堅持才是最重要的學習方法

相信很多同學讀到這裡，要有不同意見了。要說清楚這個概念也確實不太容易。直到有一天，我跟我的健身教練閒聊的時候，突然獲得了靈感，才有能力說清楚。

我的健身教練臂圍有四十三公分，幾乎和常人的大腿一般粗。有一次他告訴我他練習的訣竅——握啞鈴的時候，一定要把手掌邊緣貼到靠體側的那一個啞鈴片上。這樣的話，臂屈伸的時候，肌肉獲得最大的刺激，手臂才能夠練得粗壯。然後他燦爛地笑著說：「多簡單啊！」

而我卻突然明白了一件事：他的成功並不是來自這個神祕的小技巧。事情是這樣的，我認識的另外一個健身教練，臂圍也是四十三公分，他從來沒有使用過這種小技巧。但是他也練出了同樣粗的手臂。

其實，他們的祕訣是一樣的——苦練！由此可見，**所有學習上的成功，都只依靠**

兩件事——堅持和學習方法，而堅持本身就是最重要的學習方法。

開始行動，才不會虛度更多時間

堅持其實就是重複，而重複就是大量的時間投入。據我母親講，我父親學習時從來不「廢寢忘食」，但是，他幾乎充分利用了所有的時間。

鐘道隆先生很坦率地說：「為了學會英語，我下的功夫是很大的。堅持每天聽寫二十頁A4的紙，晚上回家很晚也要補上，不達目的決不休止。從一九八〇年一月三十一日到一九八三年二月，整整三年時間，寫了一櫃子的聽寫記錄，用了圓珠筆芯一把，聽壞電子管收音機九部、半導體收錄機三部、單放機四部，翻壞詞典兩本。因為我不斷地在上面寫和畫。」

俞敏洪也是個超級用功的人。據我所知，他每天的日程表列印出來有滿滿一頁A4紙，通常都會提前一年安排下一年的時間表。雖然我對「瘋狂」的李陽不太瞭解，但我相信，他漂亮的發音並不僅僅來自天分，而是靠「瘋狂」了許多許多年才練就的。

相對於堅持，方法有多重要呢？幾乎不重要。為什麼呢？所謂的「好方法」實際上是因人而異的。適合這個人的方法，放到另外一個人身上，很可能適得其反。換言之，適合所有人的方法基本不存在。所以，與其浪費時間去尋找適合自己的學習方法，還不如馬上開始行動，抓緊時間踏實學習，以免虛度更多的時間。

小測驗

你的學習效率高嗎？

一、時間安排

是	否	
□	□	1. 你很少在讀書前確定目標
□	□	2. 沒有固定的時間讀書
□	□	3. 常常因為拖延時間，所以功課沒有按時完成
□	□	4. 制訂的讀書計畫只在前幾天有效
□	□	5. 一周的讀書時間是否不到十小時
□	□	6. 所有的時間都花在讀書上了

二、注意力

是 否

□ □ 1. 完全集中注意力的狀態，大概只能維持十到十五分鐘

□ □ 2. 除了課本，讀書時，身邊會有小說、雜誌等讓你分心的東西

□ □ 3. 常常一邊跟人聊天一邊讀書？

三、學習興趣

是 否

□ □ 1. 看到課本就覺得累

□ □ 2. 只喜歡文科，不喜歡理科

□ □ 3. 常常需要「被強迫」才會好好讀書

□ □ 4. 從來不會有意識地強化自己的讀書行為

四、學習方法

是 否

□ □ 1. 常常採用題海戰術來提高解題能力

□ □ 2. 常常重複多次，死記硬背

□ □ 3. 從來不會跟讀書方法好的同學請教他的讀書法

□ □ 4. 從來不跟老師問問題

□ □ 5. 很少主動閱讀課外輔助讀物？

上述問題，如果你選擇肯定的答案「是」越多，就表明你的學習效率越低。你可以從上述四類問題中找出自己學習上的主要毛病，然後有針對性地進行改善

第7章

最容易被忽視的五把學習金鑰匙

恰當又正確地使用語言，
可以幫助修復思維漏洞。
在溝通與交流中，聽比說更重要。

1. 離開思維陷阱，學習會變得很容易

幾乎所有的學習困難，
都是因為基礎概念沒有弄清楚。

很小的時候，我母親教我：「不管學哪門功課，拿到書第一件事，先把所有的基本概念死記硬背下來。把概念牢記於心，就可以透過以後的學習與實踐反覆審視它，並形成透澈的理解。」這一教誨對我的幫助非常大，所以我上學期間從未覺得哪門科目太難。後來做了老師，有機會大量觀察，才發現幾乎所有的學習困難，都是因為基礎概念沒有弄清楚造成的——沒有例外！

從人類誕生的那一天起，為了能夠認知、思考、交流，人類不停地創造著新的概念。最初的時候，只有一些具體的實義概念，比如，肉、水、火、牛、蛇。隨著對周遭認知的程度愈來愈廣泛、愈來愈深入，那些看不見摸不著，卻又真實存在的東西，也開始被人類定義，比如毒、氣、智等。好多概念一開始就被定義得很準確，並且一直沿用到今天。

概念愈準確，就可以把這世界看得愈來愈清楚

可以想像，我們認知這個世界有多麼不容易。我們不停修正增補一些必要的概念，棄用那些錯誤的、不必要的，就是為了能夠把這個世界看得更清楚。我們與我們生存的世界之間就好像有一層毛玻璃，我們把那些概念打磨得愈準確，毛玻璃就變得愈透明，而我們可以把這世界看得愈來愈清楚。

其實我們說某個人「頭腦清楚」，就是指那個人的腦袋裡沒有亂七八糟的、錯誤的概念。他很清楚地瞭解那些概念是什麼，所以他的頭腦是很清楚的。

當同學們在學習知識的時候，搞清楚所有的基礎概念是最重要的。不誇張地講，任何一個學科的所有知識，都是由這些概念一點一滴搭建起來的。一般人看見房子，不會覺得磚頭有多麼重要；但是對蓋房子的專家來說，磚頭分為好多種，每種功能都不同——這就是內行和外行的區別。

所謂「頭腦混亂」的人，就是把根本不是一回事的東西當作一回事。他們建構世界的概念是粗糙、混亂、未經細分與整理的。所以他們的世界也同樣是粗糙混亂的。

可是很多人對這一點常常是不自知的。只不過因為他們的概念太亂、太含混，才

會把完全不同的東西混為一談。

概念不同，效果不同

不知道「目標」與「計畫」之間區別的人，意識不到自己可能會因為死守計畫，最終無法達成目標。

不知道「上學」與「學習」之間區別的人，他們當中的高學歷者會瞧不起那些學歷低的人，同時，的低學歷者也會瞧不起高學歷的人。

很多學生討厭歷史課，其實只是因為沒弄清楚「歷史」與「歷史書」之間的重要差異。

我一直強調「時間不可管理」、「我們只能管理自己」，並非咬文嚼字。

「時間管理」和「自我管理」是完全不同的概念——焦點不同、方法不同、效果不同……但是，很多人沒想過這件事，在他們的世界裡，這兩個概念從來沒有被仔細定義、認真區分過，所以他們的思考和判斷在這方面就是模糊的，他們接著做出的決定，即便是對的，也不過是撞大運得來的而已。而「撞大運」的特點是：這次運氣好，會導致將來運氣必然不好，因為運氣好的概率不可能很高——根據「運氣」的定義，概率高了，就用不著運氣了。

2. 換個方式說話，嘴巴也能訓練大腦

有些「思維訓練」，
其實只需要更改語言習慣就能養成。

我曾經看過一部新聞題材的電影，裡面有一個細節讓我印象非常深刻。

報社老闆喝斥一名剛入行的記者：永遠不要再跟我說「我認為……」了！你的看法關我屁事？我要的是事實……

從那之後，那個毛頭小夥子就刻意讓自己寫的句子都用「事實上」作為開頭，在後面的情節發展裡，他真的不知不覺地剔除了很多「偏見」。這個電影裡的小細節對我觸動很大，我這才明白，原來在很多領域，有些「思維訓練」其實只需要更改語言習慣。想明白這些，我突然回想起我小時候的幾件小事。

從說話改變思維

在我的成長過程中，父親常常會幫助我糾正一些不良的語言習慣。有一次他看到七、八歲的我指責別人說髒話，告訴我：「其實有的時候有些話『話糙理不糙』……不說髒話的人不一定不『髒』；偶爾說點髒話有助於心理健康。」這其中的道理我當時並不能馬上明白，等稍大一些了，才明白父親對我的教育是多麼真實又健康。

這些糾正當中，令我印象最為深刻的，是父親禁止我在任何情況下說類似以下的句子：

……本來（原本）就是嘛！

現在想來，真的要感激父親，他在幾個星期的時間裡，用最簡單和「粗暴」的方法，使我一生永不再用這樣的句型。因為這種句型在生活中只有一個用處——找（最後的）藉口。

語言是思維的表達手段之一。一般情況下，我們總是先有思考，才會用語言表達。

但很多時候，這種順序會被打亂，我們的思維會因為我們所使用的語言而受到各種各樣的影響。**恰當又正確地使用語言，可以幫助修復思維漏洞**。一旦明白了箇中的道理，你就會發現這是個廉價（免費）而又有效的輔助工具。

有助於思考的句型

以下的一些句型最好經常使用，因為特別有助於獨立思考習慣的養成，並且也有刺激思考的作用：

▽……是一回事，而……是另外一回事。
▽……和……其實根本不是一回事。
▽……不一定……
▽……可是，這並不意味著……
▽……也許還有另外一種可能性（解釋）。
▽……看起來像……可是……
▽……而事實卻可能遠比看起來的更為複雜（簡單）。

▽……然而，（這個論述）反過來（陳述）卻不一定成立，因為……

▽……其實很可能與……根本就沒有任何關係。

▽……和……之間不一定是單純的因果關係，它們也可能互為因果。

▽……和……之間的比較也許沒有任何意義。

▽……其實不過是表面現象，其背後的本質是……

▽……有一個通常被忽略的前提。

▽……儘管聽起來很有道理，然而卻完全不現實。

▽……也許有人會說……但是這種質疑卻……

這些句型看起來很簡單，卻往往能帶來不同凡響的思考結果。

平時遇到問題的時候，都不妨把這些句型套進去填空——就當作一種思考遊戲，用不了多久就能體會到這種遊戲的有趣之處。不出意外的話，同學們會發現自己的思維方式會因為使用這些句型而不由自主地發生了巨大轉變。例如，「……和……其實根本不是一回事」這個句型往往一瞬間就能使一個人腦袋更加清楚。

最浪費時間的句型

再看一個最浪費時間、必須迴避的句型：「要是……就好了！」這個句型是用來表達後悔情緒的，而「後悔」是最浪費時間的——無論如何，這個情緒都於事無補。當同學們在生活和學習中遇到問題的時候，腦袋裡會不由自主地冒出使用這個句型所表述的念頭：

▽ 我要是孫悟空就好了！我要是早點複習就好了！

▽ 我要是早點寫作業就好了！

▽ 要是當時聽清楚老師講了什麼就好了！

▽ 要是我能在國外讀書就好了！

之所以一遇到問題就會冒出這樣的念頭，是因為大多數人早就明白一個簡單的道理：**我們所面臨的今天很大程度取決於我們過去的作為**。可是，時間的固有屬性已經決定了，**過去的事已經無法更改，後悔無濟於事**。

另外一個原因是無法接受自身的現實局限。每個人來到這個世界上的時候，都不是完美無缺的，並且，無論怎麼努力，也注定不會有完美的人生。（當然，我們還是需要努力，因為努力可以使我們相對完美或者更完美或者接近完美。）所以，個子矮的人希望自己再高一些，醜陋的男人希望自己能變帥一些，難看的女人希望自己能變漂亮一些，老去了的人希望自己起碼顯得年輕一些，肥胖的人希望自己變得瘦一些，骨瘦如柴的人希望自己變得更健壯一些……

過去的事情是無法更改的，現在的煩惱是無濟於事的。所以，只要你是個旁觀者，就會無比容易地看出這些想法多麼不現實。把這些不現實的句子轉換成現實的版本，就是這樣的：

▽我要是孫悟空就好了！——可是你不是孫悟空，所以沒有七十二根毫毛變出七十二個你幫你考試；你也沒有金箍棒，所以，你不能招惹面前的這個大塊頭。

▽我要是早點複習就好了！——你就是沒有複習呀！該複習的時候你踢球去了。

▽我要是早點寫作業就好了！——你已經快要寫不完了，現在想也沒有時間了。

▽要是當時聽清楚老師講了什麼就好了！——當時你就是沒聽清楚，而且你要是一直想這些沒用的，下一次你還是聽不清楚。

▽ 要是我能在國外讀書就好了！——可是你還在中國，所以，在美國學校讀書的那些好事和你沒關係。

與其後悔，不如採取正確的行動

過去的事情是無法更改的，現在的煩惱是無濟於事的。但是，將來的尷尬也許是可以避免的——如果現在的行動沒有出錯的話。換句話說，為了避免將來的尷尬，必須在今天採取正確的行動。所以：

1. 從現在起好好學習，把知識學到手了，什麼考試都難不倒你。
2. 如果碰到了一個比你強又比你壞的人找麻煩，不要硬碰硬，趁早離他遠一點。
3. 每天給自己一段時間，該預習的預習，該複習的複習，多花時間做正確的事。

從現在起按時寫作業，寫完了再好好去玩！

接下來我會談傾聽的技巧，如果你覺得你聽課沒效率，不如好好讀下一節，學會用正確的方法聽課學習。

先好好在國內念書，要做留學的準備，還有許多事需要做，努力吧！

所以，當腦子裡閃出類似「要是……就好了！」的念頭的時候，要馬上提醒自己：「停！這個念頭最誤事了！」或「停！這個念頭最沒用了！」已經浪費了那麼多時間，現在就不要再浪費時間了。

3. 學習傾聽，溝通其實很容易

每個人的傾聽能力是不一樣的，
而且沒有人認為自己不會聽。
在溝通與交流中，聽比說更加重要。

阿那克西美尼是古希臘著名的哲學家，到了晚年，他仍堅持給學生們上課，擁有極高的聲望。一天，這位兩鬢花白的老者蹣跚走進課堂，站在講臺上，他揮了揮手裡的一疊紙，對學生們說：「今天這堂課，你們不用記筆記，凡是認真聽講的人，課後我會發給你們每一個人一份筆記。你們一定要認真聽講，這堂課很有價值！」

學生們聽到這番話，立刻放下手中的筆，專心聽講。但沒過多久，就有些學生想著反正有筆記，不必浪費時間去聽講，就開始閃神了。

講課結束後，阿那克西美尼將那疊紙一一發給每位學生。領到紙後，學生們都驚叫起來：「怎麼是幾張白紙呀！」阿那克西美尼笑著說：「是的，我的確說過要發筆記，但我還說過請大家一定要認真聽講。如果你們剛才認真聽講了，將聽到的內容全部寫在紙上，這不就等於我送給你們筆記了嗎。至於那些沒有認真聽講的人，我並沒有答應要送他們筆記，所以只能送白紙！」

學生們無言以對。最後，只有一位幾乎一字不落地寫下全部內容，他就是阿那克西美尼最得意的學生、日後成為古希臘著名哲學家的畢達哥拉斯。阿那克西美尼滿意地把畢達哥拉斯的筆記貼在牆上，大聲說：「現在，大家明白這堂課的價值了嗎？」

阿那克西美尼一貫主張人生最大的財富是傾聽。只有樂於並善於傾聽的人，才可能成為知識的富翁；而那些不願意傾聽的人，其實是在拒絕接受財富，終將淪為知識的窮人。

但是為什麼同在一個教室聽課，只有一個人能寫下全部內容呢？排除掉那些顯而易見的原因，極少有人意識到，每個學生的傾聽能力是不一樣的，而且沒有人認為自己不會聽。

在溝通與交流中，聽比說更加重要

這是一個很有趣的現象，所有的人都在強調「認真聽講非常重要，一定要認真聽講」，但在實際的學習中，只會訓練說的能力和閱讀的能力。在長達十幾年的正規教育體系中，也從來沒有開設過一門母語「聽力」課程。

事實上，人們並沒有真正意識到，在溝通與交流中，聽比說更加重要。反過來說，**失敗的交流往往源於聽者的疏忽**。大多數同學成績無法提高，問題可能就出在「不會聽」。所以，讓我們來一起研究一下「傾聽」的祕密。

一般來說，人們講話的速度遠遠低於思考的速度，也就是說，我們在聽一個人講話的時候，大腦是可以很悠閒的。老師在講課時，一秒鐘只能講三、四個字，而你的大腦一秒鐘卻可以處理多得多的資訊，所以在聽課的過程中，同學們很容易走神。剛開始走神的時候，時間不會太久，也許只有幾分之一秒，大腦神遊歸來之時，似乎也沒有錯過什麼重要的資訊。於是，嘗到了甜頭的大腦，就開始自由自在地神遊了……周而復始下去，重要的資訊就被錯過了。

老師的講課往往是由淺入深的，重要的結論多半放在後面，所以講解內容愈到後面會愈重要。可是講臺下的學生們，能夠始終保持高度專注力的很少。大部分同學接收的資訊會愈來愈零散。但我們的大腦有一種「模式拼接」能力：在處理零散資訊的時候，會將它們按照自己的方式拼接起來。

生活中會經常發生這種情況：甲向乙提起「你當初不是說……」的時候，乙大驚失色地喊道「天哪，我什麼時候說過……」為什麼會發生這種情況？甲在交談中走神了，他把聽到的片段下意識地拼接起來，誤會自然而然就發生了。

不要插話

在聽的時候，除了不能神遊，還有些什麼事影響我們的傾聽效果呢？不要插話！

在課堂上，打斷老師的講授，大膽提出質疑，這樣的學生貌似在人群中顯得很亮眼，但這種做法是很不明智的。有質疑精神是可貴的，但是，在聽的過程中隨性地發出質疑，是最為妨礙有效傾聽的行為。尤其是當老師要展示一個複雜的說理過程，各種細節還沒有完全鋪開，你就過早地提出質疑，會分散你自己的注意力，使你不能完整地傾聽講課內容。其次，你打斷了老師的講述，給老師的授課也設置了障礙。

別人話還沒說完，你就迫不及待地打斷別人，說：「我知道了，你是不是要說這個這個……」這是一種非常不成熟的行為。**耐心地聽人把話說完，在最後提出自己的疑問，這個小小的習慣在很多方面能幫助你。**

如果你是個急性子，有打斷別人說話的習慣，你可以試一下我的小方法。每當你想打斷別人的時候，咬著嘴巴忍住不說話，堅持一、兩次，就會有很大進步。

相對於閱讀，傾聽中的記憶難度要高出許多，因為在閱讀過程中可以隨時返回重讀。而傾聽的時候，你沒有辦法暫停重播，常常是聽到後面，忘了前面。這個時候，你需要的是——記筆記！老師們總是反覆強調：聽課要記筆記。很多同學對這個建議置若罔聞。這恰恰是學會傾聽的一個重要技巧。

最後，還要學會一個重要的習慣：一旦決定傾聽，就要主動幫助講者進入傾訴狀態。在課堂上，專注地看著老師，認真地與老師互動，會讓老師更容易進入傾訴狀態。

4. 善於積累，靈感多到讓你驚喜

如果提前確定一個方向或者目標，
你就會產生「對特定資訊的注意力」，
並且因此積累到大量的讓人驚喜的好素材。

前些年我還在講作文課的時候，總有學生向我抱怨：「老師，我找不到例子，怎麼辦？」遇到這種情況，我總是耐心地告訴學生：「例子這東西跟錢一樣，是攢出來的，不是想出來的。」

還有學生問：「老師，我怎麼找不到像你上課時舉的那樣精彩的例子呢？」我當時的回答是：「繼續找，凡事都不過是靠積累。」

有目標的積累更有效益

今天想來，這樣的回答未免過分簡單了，但這個認識，我是在講了好幾年作文課之後才得到的。

記得那天，我在講一道美國研究生入學考試作文課時，提到了這樣一句話：「我們的社會傾向於遺忘那些重要的人物。」然後，我向同學們提問：「有沒有人可以舉出三個這樣的人物呢？」課堂裡有幾百人，只有幾個學生猶豫了一下，舉起了手，又放下了手。

回答這個問題確實非常困難，就算是在網路上搜索，也很難想出關鍵字。隨後，我就一口氣舉出了好幾個這樣的例子。結果大多數同學反映，從來沒有聽過這些人的名字。

當下就有同學向我發問：「老師，那你是怎麼知道的呢？」我回答說：「原本我也不知道，但是，我在很久之前把那句『我們的社會傾向於遺忘那些重要的人物』記在了我的筆記本上。所以從此之後，但凡我讀到了類似人物的文章時，我就會想起那句話，然後趕快把那個人的名字記在這句話的旁邊，時間久了，我收集到的例子就愈來愈多了。」

我記得小時候讀那些博學之人的書，常常深感自卑，同時又非常納悶：「他們為什麼什麼都知道呢？」幾年後，我才終於明白，這些博學之人不見得是在「什麼都知道」之後才將其寫出來，他們很可能是為了「寫點什麼」才去搜索、積累。所以，素材的積累固然重要，但是，**如果提前確定一個方向或者目標，你就會產生「對特定資訊的注意力」，並且因此積累到大量讓人驚喜的好素材。**

靈感不會突然閃現

作家李敖曾說過：「作家不應該靠靈感來寫作。」我對這句話深表贊同。我覺得世界上沒有「突然閃現的靈感」，就算存在也不會是平白無故出現的，它肯定是有來歷的。

李敖就曾在一個節目中談到過他的讀書寫作方法：

我李敖看的書很少會忘掉，什麼原因呢？方法好。什麼方法？心狠手辣。剪刀美工刀全部用到，把書給「分屍」掉了，就是切開了。這一頁我需要，這一段我需要，我把它按類別分開來。……任何書裡有關的內容，都進入我的資料裡。當我要寫小說的時候，需要這個資料，打開資料，我只是寫一下就好了。換句話說，這些資料我不憑記憶力來記它，我憑用細部的很有耐心的功夫把它勾緊，放在資料夾子裡。我只要記這些標題就好了。

我告訴大家，記憶力是可以訓練的。記憶力一開始就是你不要偷懶，不要躺在那裡看書，看完了這本書還是乾乾淨淨的、整整齊齊的，這不對。看完了這本書，書被大卸八塊，進了資料夾，才算看完這本書。

有了這樣精巧的勤奮，李敖那火花亂濺的「靈感」從何而來，就清清楚楚了。所以大家不要再抱怨寫不出好文章，找不到好例子，請相信我，不是你寫不好作文，你只是沒有找到正確的方法。

5. 勤於反思，經驗愈多愈有發言權

經驗需要歸納，更需要經過演繹來反覆論證，
而且要保持足夠的耐心。

有一次，我和朋友到一個餐廳吃飯，酒足飯飽之後，閒逛出來，站在路邊叫計程車。那條街上車不多，等了一會兒，馬路對面右手邊駛來一輛車，我們招手示意司機掉頭過來。那位計程車司機看到了，便準備掉頭過來。

隨著那輛計程車的路線，我看到我左手邊後面站著的母子兩人也在向那輛計程車招手。而那輛車轉過彎來之後，停在了我們前面。我的朋友根本沒看到後面的人，直接打開車門坐了進去，我也跟著上了車。在我的朋友坐上車的時候，我聽到那個孩子說：「咦？他們怎麼搶我們的車？」等我跨上車那一瞬間，聽到那母親對孩子說：「他們有病！」

這樣的經歷告訴我們，每個人都可能出現「只看到部分事實」的情況。

例如：老師開門進教室的一瞬間，一塊黑板擦唰地從眼前飛過，掉到講臺的桌子上。有一位同學吐了吐舌頭坐了下來。老師質問他為什麼要在教室裡搗亂。這位同學說不出的委屈。因為是另一位同學搗亂把板擦亂扔，他只是偷了一個小懶沒有走過去放好，而是扔到了講臺上。

我們不可能什麼都知道，每個人都有來自各個方向的局限。所以當同學們與父母師長發生爭執的時候，經常會聽到這樣一句話：「我們是過來人，我們不希望你吃虧，你不要固執。」而我們通常會用這句話來回答：「你們為什麼不能理解我?!」

如果爭執雙方都固執己見，那麼這樣的爭論將無休無止。只有深刻認識到自己的局限性，並時時刻刻保持警惕，我們才能逃出這種令人煩惱的局面。

經驗的累積和運用

一般來說，每個人都會無比珍愛自己「總結歸納」而來的經驗，所以許多人常常是「手裡只有一把錘子，看什麼問題都像釘子」。經驗需要歸納，更需要經過演繹來反覆論證。每次當我們運用經驗來判斷一件事情的時候，都要萬分小心。盲人摸象的故事天天在發生。

那麼，如何擁有更多的經驗呢？

一、做記錄是一個很好的習慣

冒險家們在航海的時候，不僅詳細書寫航海日誌，並且會將日誌公開共用，這是他們避免在未來遇到危險的最重要手段。我在二十六歲之後才真正養成記錄的好習慣。並且在隨後的十多年裡，愈來愈體會到做記錄的重要性。我原本以為，如果能夠堅持記錄，就再也不會犯同樣的錯誤，可我最終發現，即便保持記錄的習慣，有些錯誤也不可能完全避免，但毫無疑問的是，我依靠做記錄的方法肯定避免了多次犯同樣錯誤的危險。

二、觀察與閱讀，是擴充自我有限經驗的最好方法

每個人每時每刻都有觀察的機會，但如果沒有抱著學習的態度，很可能會失去積累、成長的可能。讀書不見得一定要有目的，很多時候有用的知識是偶然獲得的。時間久了，我們就會發現，讀書偶得的知識也很重要，不要片面又膚淺地理解「人生應該有目標」，而失去了這些機會。

三、**多嘗試運用類比，跨越未知與已知的障礙**

類比思考是學習知識一種非常重要的方法。小學老師說：「其實地球的構造跟煮熟的雞蛋差不多。」這就是用類比的方式讓學生從已知（煮熟的雞蛋）跨越到未知（地球的構造）。中學老師也常說：「原子內部的構造其實與太陽系差不多。」學生們因此能瞬間理解。

所以，我經常鼓勵我的學生們，只要有時間就要看雜書，愈雜愈好，多多益善。為什麼呢？因為**讀雜書會大大提高一個人接受新事物的能力**。閱歷豐富、博覽群書的人，通常都擁有更強的理解能力，因為他們在遇到未知事物的時候，更能迅速地在已有的知識中找到可以用來類比的資訊。

四、**耐心等待無法跨越時間的經驗**

遇到不解的問題，遇到不確定的想法，最好馬上記錄下來。**不一定非要急著獲得答案——因為很多的時候，馬上獲得解答是不可能的。**

上文提到過，「很多時候，不僅歸納經驗需要很長時間，通過演繹論證歸納出來的經驗可能需要更長的時間」。所以，一定要保持足夠的耐心。要知道，有些階段無法跨越。並且，不等也得等，時間才不管你究竟是誰。

小測驗

你是個好的傾聽者嗎？

下面有十五個題目，請根據你的實際情況填寫「是」或「否」。

（　）1. 我常常嘗試同時聽幾個人的交談。

（　）2. 我喜歡別人只提供事實給我，讓我自己做出解釋。

（　）3. 我有時會假裝自己在認真聽別人說話。

（　）4. 我認為自己擅長非言語溝通。

（　）5. 我常常在別人說話之前就知道他要說什麼。

（　）6. 如果我對交談內容不感興趣，常常會透過注意力不集中的方式結束談話。

（　）7. 我常常用點頭、皺眉等方式讓說話人瞭解我對他所說內容的感受。

（　）8. 常常別人剛說完，我就緊接著談自己的看法。

（　）9. 我會在別人說話的同時評論他說的內容。

（　）10. 別人說話的同時，我也常常在思考接下來我要說的內容。

（　）11. 說話人的談話風格，常常影響到我傾聽內容的注意度。

（　）12. 為了弄清對方所說的內容，我常常會直接發問，而不是進行猜測。

（　）13. 為了弄清楚對方的觀點，我會花下功夫去瞭解。

（　）14. 我常常聽到自己希望聽到的內容，而不是別人表達的內容。

（　）15. 當我和別人意見不同時，大多數人認為我理解了他們的觀點和想法。

計分與評分：

每道題的理想答案是：1~3、5~11、14：否。

為了確定得分數，把錯誤答案的個數加起來，乘以 7，再用減去 105，這就是你的最後得分。如果你的得分介於

91—105 分：你有良好的傾聽習慣。

77—90 分：表示有很大的進步空間。

76 分以下：你是個急需改進的傾聽者，需要下更大的功夫來調整自己。

第8章 成功是用正確的方法做正確的事情

計畫成功的前提：目標現實可行。

錯誤估算任務所需的時間，是最常見也是最致命的錯誤。

任何動作演練到一定的次數，就能準確完成。

找一個能帶來改變的行動，然後去做就是了。

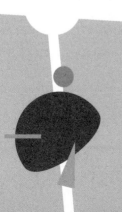

1. 三思而行：提高效率的三個祕笈

想不清楚內容就會目標不清，
不知道為什麼要做就會決心不夠，
不知如何做就會無法完成。

所謂「三思而行」，在我看來就是指——**在做任何事情之前都要想三件事：該做什麼？為什麼要做？**如何做？想不清楚內容就會目標不清，不知道為什麼要做就會決心不夠，不知道如何做就會無法完成，三方面內容缺一不可。想清楚這三件事情，你離完成任務就更進了一步。

在這一節裡，我想和大家講一講「如何做」。

每個年輕人可能都有過發財夢，為什麼幾十年過後發財的總是少數？道理可能很簡單：大家都知道自己想要什麼，也知道為什麼需要，但確實不知該怎樣才能得到。

同樣的道理，當我們面對某一項學習任務，「內容」與「原因」都已經確定，需要好好思考的就只剩下「方法」了。

拆解任務愈具體，完成度愈高

首先，從「內容」入手，將學習任務仔細拆解為一個個小任務，愈小愈具體越好，直至每個小任務都可以獨立完成。

用背英語單字作為例子：

某位同學正在準備托福考試，首要任務是擴充詞彙量，那麼該背哪些單字呢？書店裡有很多詞彙書，他應該選擇哪一本？正確的答案是：視情況而定。如果目前基礎詞彙量還相對不完整，那麼他應該先擴充基礎詞彙量。

現在假設他選擇了我寫的那本《TOEFL核心詞彙21天突破》，那麼他面對任務的「內容」就比較具體了。但是，還可以再具體一點：

擴充詞彙量→托福詞彙→托福核心詞彙→二十一個單元

→每個單元一百個單字→一個單元分兩次完成……

細分拆解任務這一步非常重要，拆解得愈細小，可行性就愈強，就愈容易完成。

規劃具體的實行階段

拆解完成後，我們開始思考「方法」。很多同學覺得這一步可以省略，正好相反，這一步至關重要，省略了這一步，很容易半途而廢。

假設這位同學根據自己的情況，已經決定將「一個單元分兩次完成」，也就是二十一乘以二，總計四十二個階段。那麼，具體來說應該如何操作呢？

▽先嘗試著做一、兩個階段，測試一下完成一個階段需要多長時間。

▽按照測試的結果，製作一個時間表。把其餘階段所需要的時間填寫完整。（最終總是需要視情況做一些調整的。）

▽背單字需要重複，所以，每三個階段過後，要留出一個階段的時間去複習。這就要花費總共五十六（四十二加十四）個階段的時間。

▽每完成總任務的三分之一，就增加與完成一個階段相等的複習時間。這就一共需要花費五十九（五十六加三）個階段的時間。

▽ 學習過程中可能需要多次快速重複記憶，每次可能相當於完成三到五個階段所需要的時間，由於熟悉程度不斷增加，每次重複記憶所需要的時間會愈來愈短，所以，預計進行三次重複記憶需要相當於完成十個階段的時間。這就意味著一共需要花費完成六十九（五十九加十）個階段的時間。

制訂每個階段的具體步驟

作出以上規劃後，還要認真思考完成每個階段的具體步驟。當然，愈具體愈好。

▽ 每天早上空出一點時間。

▽ 朗讀前一天背過的單字，至少兩遍。

▽ 聽錄音，讀當天要背的單字三到五遍，主要留意發音、拼寫，順便看看詞義，能記多少就記多少，不求速成。

▽ 上午利用閒暇時間讀單字表，並反覆閱讀例句。

▽ 下午用特別保留的時間，把當天要背的單字集中背二到三遍。可以一邊讀、一邊抄、一邊背，不要只是坐在那裡呆呆地盯著單字看。

▽ 白天有空的時候反覆聽當天要背的單字，重複次數愈多愈好。

▽ 晚上睡覺前複習當天背的單字。

有了這樣清晰的步驟，隨後的學習就會變得非常容易了。

據我所知，許多成功的管理者都會用大量的時間去制訂詳細的步驟。同學們也要試著像一個專案管理者那樣思考，更關注「方法」。反覆拆解任務，確定每一個子任務都是可以完成的，這是同學們不可或缺的功課。

這樣的習慣，會使人變得踏實。請同學們從現在起就開始練習，使之成為自己的一種思維習慣。

2. 制訂計畫：從短到長，馬上去做就對了

只有開始行動了，才能做出正確的判斷，

計畫成功的前提：目標現實可行。

套用莎士比亞「生存還是毀滅，這是個問題」[1]的句型，很多時候，我們面臨的抉擇就是「計畫還是率性，這是個問題」。在大多數情況下，計畫總是必要的。在與計畫相關的格言中，我最喜歡的是：「我們不是計畫著失敗，而是失敗地計畫。」（We don't plan to fail, they fail to plan）

計畫成功的前提：目標現實可行

字典裡對「成功」一詞的解釋是：「達成預期目標。」我認為這個定義既簡潔又清楚。**有了目標，就可以倒推每一個實施步驟，自然就形成了計畫**。所有成功執行到底的計畫，都是因為目標是可行的。

1 出自莎士比亞的戲劇《哈姆雷特》，原文為 To be, or not to be, that is the question.

有一句話曾令我印象深刻：「失敗只有一種，就是半途而廢。」但是，仔細想想，難道堅持到底就一定能成功嗎？如果一個人的目標是煉製一顆長生不老丹，無論他怎麼堅持不懈，可能都不會成功，因為這樣的目標並不現實。

當然，還有另外一種情況，通過長期的努力可以成功的目標。但是，對於壽命有限的人類來說，依然是不現實的。例如，人類夢想可以像鳥兒一樣在空中翱翔，歷史上曾有無數的人嘗試過各種飛行，其中很多人摔死了，活下來的基本上都鬱鬱而終。人類最後用了幾百年才實現這個夢想。

只有開始行動了，才能做出正確的判斷

曾經有一位學生來找我，讓我幫他分析一下，他半年內出國留學的可能性。在仔細瞭解了他的現狀、目標等情況之後，我告訴他：「只用半年時間是不可能的。你的情況，至少還需要兩年時間。」我看到他露出了驚訝的表情，對我的話半信半疑，我只好接著說：「我看，你還是別浪費時間了，去做些實際的事情吧。」

我是個非常樂於鼓勵學生的老師，這次卻一反常態，潑了滿滿一盆冷水。這位同學露出失望的表情，不甘心地說：「沒有什麼事情是不可能的！幾百年前人們都不相

信人可以飛上天，到現在不都已經證明他們是愚蠢的了嗎？」

我只好苦笑：「你能活多少年？你剛剛不還跟我說，你只有六個月時間嗎？我讓你用兩年時間，你卻又說不可能……」那位同學突然發作，幾乎是對我咆哮起來：「我看你根本不配做老師，一點忙都幫不上，沒用！」我想，我應該閉嘴了。

我知道那位同學的憤怒並非針對我，只是那一瞬間，他被現實打擊到了失控的地步。在現實生活中，有很多這種拒絕接受現實的例子，其實，**判斷一個目標是否現實可行，方法非常簡單：第一，已經有人做到了；第二，我與那人沒有太大的差距**。

對這兩個簡單的衡量標準，也需要做一些說明。「已經有人做到了」，並不代表我也能做到。他用多長時間做到的？他透過什麼方式做到的？我和他的區別究竟在什麼地方？哪些是我確實無法超越的？我的相對優勢在哪裡？我能不能彌補我的相對缺陷？也許還要問更多的問題，才能夠確定這個目標是否可行。

事情往往並不如想像中那麼簡單。很多時候，往往只有開始行動了，才能做出正確的判斷。在行動過程中，發現既定的目標確實是不現實的、不可行的，那麼，半途而廢不僅不意味著失敗，反而意味著決策者的無比理智。

長期計畫是需要通過實踐才能習得的能力

有一次，我在某高校開講座，說起我的職業跨度實在太大：大學學會計，畢業之後做業務，多年以後竟然跑到新東方教英文，現在是自由工作者……我不知道我將來會做什麼，我想多半還會做一些讓自己都驚訝的事情。

我很小的時候，就知道有一些人竟然可以制訂長達幾十年甚至一生的計畫，而後一絲不苟地執行下去——當年讀《基督山恩仇記》[2]的時候，我就覺得故事中的人物太厲害了。後來看史蒂芬．金的小說改編的電影《刺激一九九五》（*The Shawshank Redemption*），再次覺得這麼厲害的人必然存在於世，不過，反正不是我。

在相當長一段時間裡，我總覺得我自己沒辦法不隨波逐流。上大學的時候流行讀雙學位，於是我也跑到吉林大學讀了「國際經濟與關係」專業的第二學位……可從畢業到今天，別說這個第二學位的證書，就是原本專業的畢業證書也一次都沒有用到過。

那個時候，還流行大四學生考駕照，當然，我也想辦法弄了些錢跑去考了一個，讓班裡的同學很是羨慕。可畢業之後，雖然賺到了足夠的錢，但我總是在幾個城市之間穿梭，根本沒有買車的必要；後來終於安定了，發現還是叫計程車更方便，於是至

2 《基督山恩仇記》（*Le Comte de Monte-Cristo*），法國文豪大仲馬的經典冒險小說，也被公認為大仲馬最好的作品。

今沒有用過駕照。

人們常說，「計畫趕不上變化」。這話聽上去沒錯，但是沒說到重點，計畫之所以總是被變化打亂的深層原因在於：計畫過於長遠。事實上，無論變化多快，都應該制訂計畫。只不過，**在制訂計畫的時候，應該考慮到變化，並且要以自身的情況來分析自己適合制訂多久的計畫**。

以我為例，我曾嘗試制訂年度計畫，結果發現自己根本沒有能力完成。於是，我一口氣把計畫縮短到一個星期。發現一個星期的計畫我很容易堅持下來，並且可以出色完成，這令我非常開心。而隨著時間的推移，我發現自己竟然可以慢慢把期限延長，兩個星期、一個月，甚至可以制訂一個季度的計畫了。

直到近三十歲的時候，我才小心翼翼地開始制訂年計畫。直到今天，我也依然用一年作為計畫制訂的最長期限。二〇〇〇年，我用了半年時間準備各種考試，而後跑到新東方應聘。幾經周折終於開始在新東方講課；我用了一年的時間成為國外部評價最好的老師；幾年後，我又用了一年的時間準備離開新東方——計畫創業。後來，我發現一年時間根本不夠，於是又用了一年時間認真尋找方向……

充滿困惑是正常的

在目標現實可行、方向確定的情況下，輔以計畫才能成功。一般來講，期限愈短，內容愈清晰，目標就愈容易實現。長期目標、人生理想固然要有，但人生理想這東西往往太遙遠，以致我們總是看不清楚。不過，「千里之行，始於足下」，我們要做的事情只是一步一步地向前走，把每一步都走好走踏實。至於「千里」之外的終點，既然連看都看不清，就不用花時間去想了，因為想了也沒用。

在這裡，我只是樸素地用自己的經驗得出結論：生活本身充滿了意外。這並非僅是我個人的觀點，史丹佛大學的約翰．克倫伯特茲教授[3]在他的《幸運絕非偶然》（*Luck Is No Accident*）一書裡說：我的一生以及整個事業都在被不可預期的事件影響著。他在調查中發現，在三十五歲時仍然在做自己十八歲時最想做的事情的人，在整個樣本中占比非常小。

由此可知，不是每個人都有制訂長期計畫的能力，而這種能力卻是非常重要的能力之一，擁有它需要掙扎、需要努力、需要從一點一滴做起。不要一開始就做長計畫，哪怕制訂一個星期的計畫，都不是容易的事，同學們試一試就知道了。

3 約翰．克倫伯特茲（John D. Krumboltz），諮商心理學大師、史丹佛大學教育與心理學院終身教授

如果你對你的將來充滿困惑，相信我，你並不孤獨。

充滿困惑並不意味著你就束手無策。霧裡看花，誰都看不清楚，但我相信，只要不停地往前走，早晚可以走到一個鮮花盛開的地方，在那裡，無論霧有多大，我們總是可以看到那些「花」，因為距離已經足夠近了。

有時候沒必要做計畫

相信同學們已經意識到計畫的重要性。許多關於學習方法、時間管理的書籍都會詳細地介紹制訂計畫、執行計畫的基本步驟和技巧。問題是，每當你雄心萬丈地制訂了一個萬無一失的計畫，為什麼最終還是不了了之？其中原因很多，一個特別重要的原因是：**計畫固然重要，行動更為重要**。

如果想做事，當然要行動。行動是改變自己的眾多方法中最直接、最有效的方法。很多時候，只要開始行動，哪怕事先並無計畫，往往也會有收穫。但是反過來，缺乏行動的計畫肯定是沒有任何意義。

大多數計畫其實非常簡單。例如，要鍛鍊身體，那麼計畫只要一句話就夠了：每天早上鍛鍊身體半小時。沒必要再想應該堅持多久，因為答案非常簡單：一輩子；或者，能堅持多久就堅持多久。

有的時候，計畫可能稍微複雜一些。例如，想減肥，那麼除了每天做慢跑之類的有氧運動之外，可能還有一些其他的要求。像是不要吃油炸食品（可是所有的油炸食品都很香！）；少量多餐（可是，餓的感覺很不爽！）；用水果蔬菜替代主食（可是我想吃肉！）；按時睡覺（可是今天淩晨有關鍵球賽實況轉播）……兩個月過去，回頭一看，你會發現自己因為迷戀睡懶覺而沒怎麼跑步；瞞著教練偷吃了不少油炸食品；由於飲食不規律所以有些時候總是吃到差點撐死；朋友請客哪能掃興，所以去過好多次烤肉店；不僅看了奧斯卡頒獎轉播還看了很多的美劇，同時因此不得不熬夜把該做的事兒做完——當然，第二天一定要睡懶覺！

不要怕失敗，那是必須經歷的過程

看到了吧？計畫無論簡單還是複雜，缺乏切實的行動就注定會失敗。我個人的經驗是，有些時候故意不做計畫反倒是有益的。

幾年前我開始去健身房，就沒有制訂任何目標和計畫。因為，運動總比不運動好，健康最重要。於是，我只做了一件事——堅持。中間也有過幾次因為實在抽不出時間和精力，短期的中斷了，但是，一旦忙得不可開交的階段過去，我又開始定期去健身房。雖然也有不願意再去的時候，但我知道那只不過是大腦的想法，而不應該是我的想法——只要意識到這點，就不存在什麼掙扎，直接往健身房去就是了。

幾年後的今天，我覺得我有必要制訂一個比較專業的健身計畫。當我拿出紙筆，不停地列出具體細節的時候，意識到一個重要的事實：其實，幾年前我剛開始健身的時候，根本沒有制訂健身計畫的能力！那個時候，我不可能知道自己的哪一些肌肉群相對強大，所以只需要正常練習就好了；也不知道哪一些肌肉群是我的弱點，但是現在卻必須有意識地加強了。而現在我已經具備了這種能力。

綜上所述，沒必要做計畫的原因主要有兩個：第一，任務其實非常簡單；第二，還沒有能力制訂合理有效的計畫。做任何事情，可能都要經歷摸索的過程，連基本的認知都還沒有的時候，做出來的計畫多半只是空談。

所以，大多數情況下，我的建議是：如果你想改變自己，或者你對目前的學習狀況不太滿意，那就一切從簡——**找一個能帶來改變的行動，然後去做就是了。不要怕失敗，那是必須經歷的一個過程**。永遠記住，馬上行動是最重要的。

3. 預估時間：完成任務時總會有意外

任何事情之前先判斷其熟悉程度（或陌生程度），再據此判斷估算完成任務所需要的時間。

同學們在學習英文的過程中，可能都遇到過這樣的問題——為什麼我總是看不懂文章？

為了能讀懂文章，我們會先從詞彙量入手，可很多同學啃著啃著就放棄了。而堅持下來的同學卻痛苦地發現，即便每個單字好像都認識，但是放到一起組成句子還是看不懂。這才明白，原來「不學文法也能學好英文」純屬鬼扯，於是又開始狂啃文法書，又有很多人啃著啃著就放棄了……

堅持下來的同學再次痛苦地發現，補過單字，補過文法，可是依然看不懂文章，才發現自己的邏輯訓練不足，文字搞懂了，內容的理解卻反了，只好一邊練邏輯一邊啃閱讀，又有很多人啃著啃著就放棄了……

少數人又堅持下來了。再過一段時間，他們發現自己單字沒問題，文法沒問題，邏輯沒問題，可還是看不懂文章。最終才明白，這是各種知識積累不夠造成的，這些知識包括學科背景、文化背景、歷史背景等。於是他們又要準備踏上「新的」征程……

讀到這裡，有同學就提出疑問了：既然一開始學習就會遇到各種新的問題，那我們該如何在任務開始之前做時間預估呢？這個問題問得極好。事實上，錯估完成任務需要的時間，是最常見也是最致命的錯誤。正如上面提到的，很多同學一旦發現在預估的時間內無法完成任務，就會立即氣餒放棄。在時間領域，有一個侯世達[4]法則，同學們必須明白：

完成一個任務實際花費的時間總會超過計畫花費的時間，就算制訂計畫的時候考慮到這個法則，也不能避免這種情況的發生。

為什麼會錯估時間

為什麼總是錯誤估計完成任務的時間呢？因為大多數同學忽略了一件事——這項

4 侯世達法則（Hofstadter's law），出自《哥德爾、埃舍爾、巴赫：集異璧之大成》（*Gödel, Escher, Bach: an Eternal Golden Braid*）一書。

內容是熟悉的還是陌生的？

有些內容是你以前做過的，所以，你清楚地瞭解應該如何拆解任務，每一個步驟會耗費多長時間，哪些環節需要格外小心。在這樣的情況下，正確估算完成任務時間是很容易的。

如果任務是陌生的，在執行的過程中必然遭遇各種意外，這些「意外」是大家都會遭遇的事情。只有在「陌生」變成「熟悉」之後，才有可能順利解決這些「意外」。在學習知識的時候，大多數任務都是陌生的。因為學習本身就是探索未知的過程。

多年前，我在網上讀到彼得．諾威格[5]的一篇文章《十年學會程式設計》（*Teach Yourself Programming in Ten Years*，2001）。在這篇文章中，諾威格表示，人們購買那種名字類似「七天自學 Java 語言」的書是種無知的表現，他認為，用十年時間學習程式設計才真正現實，也非常值得。他寫道：

> 約翰．海耶斯[6]和班傑明．布魯姆[7]的研究表明，在幾乎所有領域，培養專業技能大約需要十年。他們研究的領域包括國際象棋、作曲、繪畫、鋼琴、游泳、網球以及神經心理學、數學拓撲學。似乎沒有真正的捷徑——即使是在四歲時就展露音樂天賦的莫札特，也仍然用了超過十三年的時間才譜寫出世界級的樂曲。

5 彼得．諾威格（Peter Norvig），電腦科學家，專長為人工智慧，現為 Google 公司研究總監。
6 約翰．海耶斯（John R. Hayes），美國卡內基美隆大學心理學系教授。
7 班傑明．布魯姆（Benjamin Samuel Bloom），教育心理學家。
8 披頭四樂隊（The Beatles）1960 年在利物浦組建的一支英國搖滾樂隊，史上最暢銷的樂團。

再看看另一個領域的例子。披頭四[8]樂隊似乎是於一九六四年在登上蘇利文秀[9]後突然紅起來並成為第一樂隊，但他們其實從一九五七年就開始在利物浦、漢堡等地的小型俱樂部表演。雖然他們很早就表現出了強大的吸引力，但對他們的成功具有決定意義的作品《比伯軍曹寂寞芳心俱樂部》（*Sgt. Pepper's Lonely Hearts Club Band*）也是一九六七年才發行的。

山繆．詹森[10]甚至認為十年還不夠，他說：「任何領域的卓越成就都必須用一生的努力才能取得；代價稍微低一點都無法換來。」傑佛瑞．喬叟[11]則感歎：「生命如此短暫，學習技藝需要的時間卻如此綿長。」

在諾威格發表這篇文章的數年後，二〇〇八年十一月，麥爾坎．葛拉威爾（Malcolm Gladwell）出版了《異數》（*Outliers*）一書。在這本書中，葛拉威爾把「十年」換算成了更為精確的「一萬小時」——想要出類拔萃，就要努力至少一萬小時。

要想提高估算時間的能力，就要從現在開始養成習慣：**做任何事情之前先判斷其熟悉程度（或陌生程度），再據此判斷估算完成任務所需要的時間**。通常情況下，「反而比一般人想得長多了」倒是一個不錯的假設。

9 蘇利文秀（The Ed Sullivan Show）1948 年 6 月 20 日至 1971 年 3 月 28 日每周日晚上 8 點到 9 點在 CBS 播出。

10 山繆．詹森（Samuel Johnson），十八世紀英國文人，編有《詹森字典》。

11 傑佛瑞．喬叟（Geoffrey Chaucer），「英國詩歌之父」以及「中世紀英國文學之父」。

4. 優化步驟：一心也可以二用

更合理、高效地完成學習任務，
給自己的大腦打造一個「多工作業系統」。

在中學的物理課上，我們就在物理課上學過電路有兩種連接方式：串聯和並聯。此外，我們還背過一些規律：串聯分壓、並聯分流。我接下來要講的方法，就是從這條定律中得來的靈感。

當我們面臨要完成兩個任務的時候：這兩個任務之間究竟應該是串列關係呢，還是並行關係？這是一個非常重要的問題，因為在一般的情況下，「提高效率」指的就是「將只能串列完成的兩個任務並行完成」。

為大腦打造「多工作業系統」

俗話說「一心不可二用」，從某種意義上理解，這句話是對的。但是據我觀察，人們很難長時間只做一件事。一些早期的電腦作業系統，如微軟的DOS，是單工作業系統；為了提高效率，程式師們寫出了多工作業系統，像是現在用的Windows。從發展的角度看，為了提高效率，我們也有必要給自己的大腦打造一個「多工作業系統」。

為了更合理、高效地完成學習任務，一心二用也不是不可以，但是方法很重要。最直接的辦法是儘量並行兩個任務。

首先，養成一個習慣——把要做的事情用紙筆寫出來。把任務落到紙面上，就能比較容易地分辨出任務的屬性，哪些任務是簡單而又機械的，哪些任務是相對複雜而又靈活的。

一般來說，不需要思考的就是機械的。例如，在跑步的時候聽英文，走路時聽音樂，在上學等公車的時候看書，在公車上清理思路……

但有些任務是只能串列的，例如：「洗手」和「吃飯」就是串列的關係，一定是先洗手後吃飯，這是由於順序而確定的串列任務。所以，並行兩個任務還有一個重要前提：你對兩個任務都足夠瞭解，並且對自己有足夠清楚的認識。

從經典案例學最佳行動方案

當一項學習任務比較繁重，需要劃分為多個子任務時，對這些子任務之間的關係需要仔細判別。判別後，可能會因此產生許多種行動方案。針對這些方案，可以試著用我講的方法，合理地並行起來，從而找到最佳方案。著名的數學家華羅庚先生曾經用燒水泡茶[12]為例說明過這個問題。

▽辦法A：先洗開水壺，灌上涼水，放在火上，在等待水開的時候洗茶壺、茶杯，拿茶葉。等水開了，泡茶喝。

▽辦法B：先做好一些準備工作，洗淨開水壺，洗茶杯，拿茶葉，一切就緒，灌水燒水，坐待水開了泡茶喝。

▽辦法C：洗淨開水壺，灌上涼水，放在火上。等水開後，再找茶葉，洗壺杯，泡茶喝。

哪一種方案更節省時間呢？

誰都能看出第一種辦法好。原因很簡單，因為有些任務被並行處理了。大家一定

12 案例參見《統籌方法平話及補充》，華羅庚著。

注意到，燒水泡茶這個大任務，被分解成了很多細小的任務，可以如此「優化」的前提是——「大任務被劃分成足夠多的小任務」，有了這個前提，才能更準確地分辨哪些任務可以並行——「優化」就是這麼簡單。

如果不做劃分，那麼就只有一個任務——喝茶。然而，如果粗略劃分一下的話，就知道起碼可以劃分為兩個子任務：「燒水」和「泡茶」。但這樣還是很粗略，沒有優化的餘地，需要繼續劃分子任務，找出有並行關係的任務，進而提高效率。

在麥當勞之類的速食店中排隊也會涉及串列和並行的問題，很多人輪到自己的時候才抬頭看菜單，再花很長時間點餐。但事實上，完全可以把「排隊」和「選菜」並行，這樣可以節省很多時間。

電腦如何多工處理？

讓自己擁有「多工作業系統」的另一個方法就是切分自己的時間。從本質上來看，我們的大腦與電腦的中央處理器（CPU，以下簡稱為「處理器」）一樣，是一次只能處理一項任務的系統。那麼電腦是如何做到同時多工處理的呢？

一個處理器在一個時間段其實只能做一件事，因為它只有一個個體，一個時空。

而多工作業系統把一個長的時間段劃分成很多短小的時間片，每個時間片只執行一個程序（process），在第一個時間片，處理A程序；時間片的時間用完之後，無論A程序處理完沒有，都要被「掛起」（就是A程序這時不能再占用處理器資源）；在第二個時間片裡，處理器處理的是B程序，時間用完之後，B和A一樣被中途「掛起」；而後開始處理C程序……把所有任務的一部分依次完成之後，處理器重新迴圈，從A開始，直到最後一個程序。迴圈反覆的過程中，有些任務陸續完成了，另外一些任務處於尚未完成狀態。如果中途有新的任務進來，只需要加入迴圈佇列即可，這樣連續起來就好像是它同時運行著很多程序。

請大家注意，在這個過程當中，程序不是被任務劃分為子程序，而是被處理器的時間片硬性劃分為程序片。

優化步驟看起來簡單，但需要反覆應用

把自己的時間切分成「時間片」是一種很難習得的能力，我花了兩三年時間才可以相對自如地運用。不過這種方法通常只在任務太多、時間太緊的情況下使用。

首先，要制訂一個工作清單，把任務都列下來，然後把自己的時間切片。我通常

把「二十分鐘工作加五分鐘休息」作為一個時間片，然後就開始像ＣＰＵ一樣處理任務。這麼做可以保持相對長時間的高效率工作。

優化步驟看起來是非常簡單的方法，但是需要我們反覆應用，才能把這種思考模式變成一種思考習慣。當你養成這種習慣，在生活和學習中面對新任務，都會下意識地去精細拆分任務，效率就會在不知不覺間提高。

5. 有魔力的清單：讓學習和生活都能井井有條

完成清單的過程，有點像玩通關遊戲，完成一項，就勾選一項，一路過關斬將，我們的心情會非常愉悅，會有前所未有的充實感和滿足感。

很久以前，我每次去超市買東西，回家後都會發現少買了幾樣而懊惱。於是，我便養成了去超市買東西前先列清單的習慣。

具體的方法是這樣：如果我決定今天去超市，那麼，我不會直接去，我會先拿出一張紙，寫下我要買的東西，然後貼在我的小白板上。

一般來講，到了上午九點鐘，我總能想到一些東西加到那個清單上；到了十點鐘還可能要補充，而十一點也許又要加上一件……到了下午兩點的時候，我就可以去超市了。在超市裡每找到一樣東西，就在清單相應的位置畫一個叉，這樣，等我回家的時候，就不會因為忘買了什麼東西而懊惱了。

製作清單是需要練習的能力

可見在日常生活中，清單是一種非常有效的組織工具。它通常被分為任務清單、待處理清單、核對清單等，不管是哪一種，我認為清單本身非常有用。而製作、運用清單確實是一種需要練習的重要能力。

同學們也許會問，忘買東西這麼小的事，值得花時間去製作清單嗎？當然有必要！試想一下，如果我沒有列購買清單，那麼回到家之後，發現東西漏了，我會面臨兩種情況，第一，我要買的東西超市裡確實有，但我忘了買；第二，我要買的東西超市裡根本沒有，再去也沒用。

可以想像，如果我又去超市，發現自己遇到第二種情況，我肯定會氣個半死，因為時間已經被我浪費掉了。

所以，製作一個清單，往往會使你的生活和學習變得井井有條，並且保證自己不會浪費時間。我在長期使用列表的過程中，發現我確實有些經驗值得與同學們分享。

首先我們來說說製作列表的工具。

在智慧手機如此發達的今天，我覺得最好用的清單工具還是紙和筆。建議大家準備一個專門的小本子，裡面夾著一支筆，便於隨身攜帶。

為什麼不用手機APP呢?其實有了智慧手機後，我已經使用APP了，這些應用程式確實已經做得相當不錯。但我仍然建議同學們使用紙筆。

首先，同學們初學使用清單，最原始的紙和筆更方便塗改和寫寫畫畫。

其次，大家在用手機記錄的同時，很可能會被手機上的其他東西分散注意力。

所以，我建議同學們刻意地避開手機，用筆在紙上圈圈點點，能使你不受打擾，從而更快地進入學習狀態。

清單的讀者往往只有我們自己，用最簡便的方式記錄即可：大量的縮寫、箭頭、線條、叉號以及各種各樣的符號和圈圈框框……關鍵是你自己要能看懂。

最重要的任務永遠只有一個

做好了這些基本的準備工作，我們要進入最重要的一部分：一堆學習任務擺在眼前，哪些先做，哪些後做，如何排序?

這是一個很重要的問題。很多專家都講解過任務的重要和緊急與否之間的關係，以及如何分配任務的優先順序。道理也很清楚：要先做既重要又緊急的事。緊急卻不重要的，也可以不理會，但**重要卻不緊急的，反倒需要優先處理**。

然而據我觀察發現，大多數同學都懂得這個道理，他們也會下意識地去這樣做，但他們往往弄不清楚：什麼是「真的重要」和「顯得重要」，以及「真的緊急」和「顯得緊急」。

判斷一件事情是否真的重要，標準只有一個：是否對實現目標有益（無論是長期還是短期）。

不過，判斷一項任務是否真的緊急，標準卻不好找，因為大家總是覺得每一件事都很緊急。其實在我們的學習和生活中，真正緊急的事少之又少，「十萬火急」的事就更少了。

所以我建議，**大可不用管緊不緊急，只需要判斷：這事是否真的重要**。再往後的道理就一目了然了：**最重要的任務永遠只有一個——那個真正對你的目標實現有幫助的任務**。

善用「下一個階段任務列表」，先專注完成當前的任務

完成清單的過程，有點像玩通關遊戲，完成一項，就勾選一項，一路過關斬將，我們的心情會非常愉悅，會有前所未有的充實感和滿足感。同時，在這個過程中，我們經常會對自己的學習任務突然有了新的想法，例如：當我們在完成了背單字任務後，下一步的任務本來應該是做一份英文測驗卷，但是由於單字背得太順利，你突然有衝動寫一篇英文短文。這個新鮮的想法讓你很激動，於是你想修改一下你的列表，把寫英文短文插入其中，這當然是一個很好的主意。

但是，等一下！除非萬不得已，不要中途修改你的任務列表。

練習英文寫作當然是一件非常好的事，興趣來了，當然要去做，為什麼不能做呢？因為，一旦這麼做了，你會發現你總是在修改計畫，久而久之，計畫總也完成不了。這樣下去，效率反而會大打折扣。

不立刻去做，並不代表放棄，那太可惜了。其實只需要啟用另一個列表，標題是「下一階段任務列表」，把它們記下來。然後立刻回到原定計畫中去，專注完成當前的任務。如果突然又出現了什麼新鮮主意，依然如法炮製。這樣做的好處是：任務完成之後，接下來的任務，你也已經非常清楚了。

我每天出門之前有一個習慣：在門口檢查自己是不是帶了眼鏡、手機、鑰匙、錢包、書、筆記本、筆……逐一核對之後，我才會邁出門檻，把門鎖上。這就是一個利用核對清單的例子。前面提到的去超市買東西的例子也是如此。

檢查清單是生活、學習的好幫手

同學們也許會覺得很麻煩，但生活和學習從來就不是容易的事情，在完成學習任務之前做一個這樣的清單，可以幫助你梳理自己的思路避免遺漏。例如，今天上午去學校上課，下午要參加培優課程，晚上還要練習乒乓球，那麼，在早上出門前，很有必要列一張核對清單：上課需要的課本、培優需要帶的練習冊、練球時穿的球服、自帶的球拍……像這種需要連續完成的任務，如果遺漏了某個方面，很可能就會影響到下一步的行程，就不可避免地會浪費時間。

檢查清單不一定要寫下來，如果項目不超過七個，檢查完全可以在自己的大腦中進行；但是，有些任務項目比較複雜，最好提前製作一個可以勾畫的核對清單，逐一核對，確保萬無一失。

這種核對列表在準備考試時，也能派上大用場。複習的過程中，同學們可以將自己不熟的知識點，或經常出錯的題目整理成一張核對清單。大考前夕難免焦慮，將清單拿出來多看幾遍，能幫助你有目的性地複習，也能帶來放鬆心情、緩解焦慮的作用。

同學們讀到這裡也許要問了：我們現在每天的學習任務都是固定的，做計畫清單意義似乎不大。錯，意義非常重大！隨著年級的增長，學習任務會愈來愈多，大家會慢慢感受一旦養成清單習慣，對付再多的任務都能遊刃有餘。另外，如果在寒暑假準備嘗試自學一些東西，那麼，我上面提到的每一個要點，都會是你的好幫手，你會更切實地感受到它們的好處。

6. 預演：出色完成任務的重要一步

第一次做不好的機率很大，並且凡事如此。
將任何動作演練到一定的次數，就能準確完成。

很多年前，我學程式設計時用的電腦還很簡陋，只有固化的48KB記憶體，連磁片都沒有。要是電源斷了，就什麼都沒有了。所以，寫好程式之後，要一遍遍地閱讀代碼，把自己的大腦當電腦，想像每一行語言執行之後的結果……如此重複數次，再小心翼翼地將程式輸入電腦，還要反覆審核是否有輸入錯誤，然後才敢運行它。

在腦袋裡預演準備做的事

沒想到，這種工作模式後來成了我一生的習慣。直到現在，我做任何事情之前，都會嘗試把打算做的事在腦袋裡預演一遍甚至數遍。這個習慣真是讓我受益無窮！

我在做新進教師培訓的時候，經常被新進教師誇獎：「李老師，你在臺上隨機應變的能力太強了！」對此我不敢謙虛——因為他們完全誇錯了，我太清楚自己的應變能力有多差。

我之所以「顯得」遊刃有餘，是因為之前做過太多的準備。之所以做那麼多的準備，是因為曾經出過醜——想像一下，在臺上講到一半，突然發現自己說的某句話竟然有不曾想到過的歧義，是多麼窘迫的事情！所以，在準備任何一個講演的時候，我都花費很多的時間認真考慮自己的每個觀點、每個事例甚至每個句子可能引發的理解和反應，然後逐一制訂對策，只有這樣，我才可以安心上臺。

讓「做不好」的恐懼成為動力

我知道，很多同學在考試之前都會非常焦慮，一想到考試就心跳加速，覺得全身的血液似乎都在沸騰，上了考場就冷汗直冒，看到考卷就大腦一片空白。有些同學甚至考完試晚上回家還要做噩夢。

在這裡我想跟大家講講我的故事。很多人都不會相信，我有嚴重的「課前恐懼症」。每次上課之前五分鐘，各種症狀開始併發：手心發癢、頭皮發麻、眼皮狂跳（有時候左眼，有時候右眼，有時候兩隻眼）、後背開始冒冷汗（冬天也一樣）……我通常要到開始講課五分鐘之後，才能徹底擺脫這種恐懼狀態。二〇〇一年，我第一次當眾演講，是以慘敗告終的——還沒開始說話，突然之間血糖降低，眼前一片耀眼的白光（不是「眼前一黑」），不得不後退幾步，背靠著黑板緩緩地坐在地上，暈了過去……

還好我是個臉皮相當厚的人，並沒有因為這次的慘敗從此放棄，而是又接著去試，因為我認定了一個道理：第一次做不好的機率很大，並且凡事如此。只要開始做了，就不斷地去做，總會有進步。於是我一次次去試，到現在為止，我可以很負責任地告訴大家，我還是會緊張，而且非常緊張，但我已經比較習慣了。

我並不能克服恐懼，而是僅僅做到了習慣恐懼。然而，就算是退而求其次的「習慣恐懼」，都需要努力和掙扎。努力的方法，就是課前做很多很多的準備工作。我甚至為此產生了一點強迫症——準備的內容必須是實際講課內容的兩倍以上才會安心。不過，這樣的恐懼倒也成為一種動力，它使得我的很多課程或演講都有了很多個版本。**這樣的準備使我一旦進入狀態，就變得無所畏懼。也因為知道了結果，就可以做到在開始的時候任憑恐懼陪伴。**

反覆演練，才能無懼

有些人甚至把「害怕當眾演講」與「害怕死亡」相提並論。害怕死亡的理由自然不必說，而害怕當眾演講的原因，人們卻未必真的瞭解，其實很簡單——準備不足，所以害怕。

我曾因為覺得自己缺乏急智而自卑過相當長一段時間。直到讀了一本蘇聯ＫＧＢ特工的自傳才改變看法。現在早已找不到那本書，也不記得主角完整的名字，隱約只記得他的真名好像叫「什麼年科」，姑且就稱呼他為「年科同志」吧。

書中提到，年科同志有一次被一群美國特工追殺，手中的左輪手槍已經沒有子彈了，只能靠奔跑擺脫厄運。逃跑的過程中，他衝下一段長長的大理石臺階，跑著跑著，突然做出了一個常人無法想像的動作——止步蹲了下來。在這段時間裡，追趕他的那些特工因為高度和視角的關係，無法用槍射中他。同時，他因此贏得了寶貴的七、八秒，得以從口袋裡拿出子彈裝進左輪手槍，打得追趕他的那些特工慌忙尋找掩體自保，而他最終成功逃脫。

年科同志後來回憶，當時他之所以可以做出那麼令人震驚的動作，是因為他已經在腦袋裡將這個動作演練過無數次，而他也設想過不知道多少種逃跑時可能發生的狀況——他從一開始就知道自己早晚有一天會遇到那樣的追殺。他說，所有高級特工都明白一個簡單原理：任何動作演練到一定的次數，就能準確完成。而他只不過是把這個原理應用到了極致而已。

充分準備，才能表現出色

相信我的例子能給很多同學們帶來幫助。不管你要面對的是什麼樣的場合——一次全班發言、一次全校演講，甚至是各種入學考試，這種預演都是不可或缺的。只有經過大量的預演或者練習，才能在實際執行任務的過程中有出色的表現。我認為**萬事皆可提前準備，也認為萬事皆需提前準備**。只有提前準備得充分，才能在最終實際執行任務的時候，用出色的表現完成任務。

以準備大考為例，看完考場後，你就可以開始準備在腦中預演整個考試時的情形了。早上要帶些什麼東西出門，誰陪你去，坐什麼交通工具去考場，第一節會考什麼，考前還需要看哪些重點，或者乾脆什麼都不看，考完第一節後在哪裡吃飯，要吃些什麼……在考試之前，以這樣詳細的流程每天預演一遍，你會發現你對考試愈來愈熟悉，緊張的心情慢慢變得鬆弛下來。

我父親的一句話曾給我巨大的幫助，他說：「相信我，你並不孤獨。」我也想把這句話送給那些被各種恐懼困擾的同學們——相信我，你並不孤獨。

7. 驗收：考試與電玩遊戲本質相同

人們從來離不開考試，也不曾離開考試，
考試只是一種行之有效的驗收機制。

很多人做事半途而廢，不了了之的根本原因在於，他們從未想過要替自己執行任務時的表現設計一個驗收機制。最基本的驗收機制是針對最終結果的，部分有經驗的人因為在做事之前總是更關注步驟，並會按照要求將任務拆分成若干子任務，所以他們甚至會為每一個步驟設計相應的驗收機制。

其實，我們每個人從小就開始接受這種訓練，但可惜的是，這種訓練從未達到預期的效果，反而適得其反。

這種訓練就是「考試」。

人們從來離不開考試

事實上，考試是一種非常好的驗收機制，學習任務的執行效果如何，透過細分類別的考試——小考、期中考、期末考等來驗收。這種機制本來是成功完成任務所必需的，而由於種種原因，長達十數年的所謂「正規教育體系」竟然幾乎使每一個人都討厭考試。

大家為什麼討厭考試呢？原因非常多：很多老師不自覺地用考試刁難學生；又有一些老師把測驗搞得太難；只要考試，就一定有人作弊，這會讓另一些人覺得不公平。更深層次的原因在於，只要是考試，必然只有少數人能獲得優異的成績——如果考試題目設計得合理，這說明大多數人之前做得不夠好。

人們討厭考試的另一個原因在於，考試不僅是驗收機制，還常被當作選拔機制。有時候這二者之間難以區分。因為選拔是那麼重要——無論是對選拔者還是對被選拔者來說——所以最終連整個教育體制都本末倒置地變成了「應試教育」。

以上種種，考試雖然存在著各種問題和弊端，但是**作為學生，對考試要有清醒的認識，人們從來離不開考試，也不曾離開考試，事實上，連整個人生都可能是一場考試。**雖然對考試有各種糾結，但是當我們離開了學校，也要用自己考自己的方式繼續學習。

因為它確實是一種行之有效的辦法。

電玩遊戲其實也是一種考試

我下面舉的一個例子，你們大概能把驗收機制的好處看得更清楚。

大家都喜歡的電玩遊戲難道不也是一種考試嗎？只是，遊戲的設計者們更加懂得玩家們的心態，他們為玩家設計了詳盡的即時回報系統，例如經驗值、等級、寶物等。而且，電玩遊戲不僅有正面回報系統，還有負面回報系統，例如一段時間不登錄就會減少經驗值等。這種回報系統其實就是設計精良的驗收機制。在這種驗收機制的「監督」下，每個玩家都不由自主地「加油幹活」，並且樂不思蜀。

由此可見，驗收機制相當重要，對我們的學習與工作能起到非常重要的作用。從這個角度講，我們不管遇到什麼任務，都應該對其認真審視，同時向自己提出一個問題，怎樣才算「做好」？如果能把任務拆分成若干子任務，那麼確定「做好」的標準可能更容易達到，因為每個子任務的驗收標準可能已經自然存在，起碼有這樣一條：「如果這個做不好，那麼下一個就沒法開始……」

在日常的學習中，我們要如何使用驗收機制呢？

第一步：在確定學習任務之後，將學習任務分成若干子任務。

第二步：拿出紙筆，為每一個子任務預定一個驗收標準。你早已不是脆弱而又不現實的完美主義者，所以你對每個子任務都不應該提出過分高的要求。當然也不能完全沒有要求。

第三步：當子任務完成之時，拿出之前的記錄核對一下，這個簡單的動作有著很驚人的效果，它會讓你注意到更多的細節，刺激你更多的思考，令你不由自主地更為專注。

小練習

記下你的感受和結論

在閱讀Part Ⅲ內容時，有哪些地方你讀到後立刻就有醍醐灌頂的感覺？請透過精練的語言，將你的「感受」和「結論」寫在後面：

（這個小練習是讀書筆記，也是對自己的一種提醒，因為很有可能你記錄下來的這些，正是你學習中遇到的最大問題，當你在學習中再次遇到時，請直接翻看這些筆記，效率會更高。）

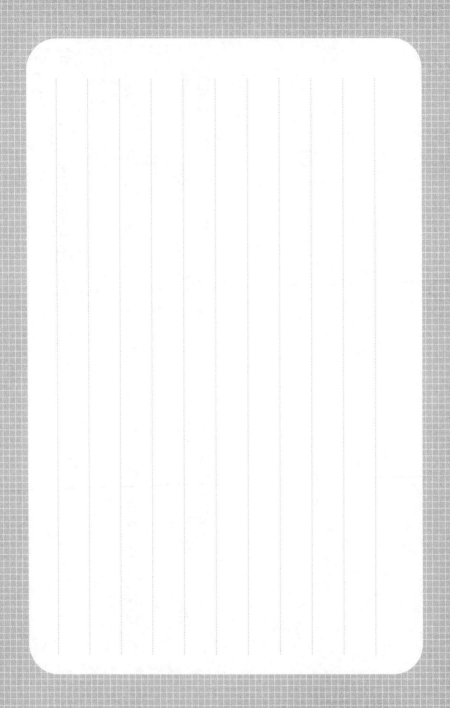

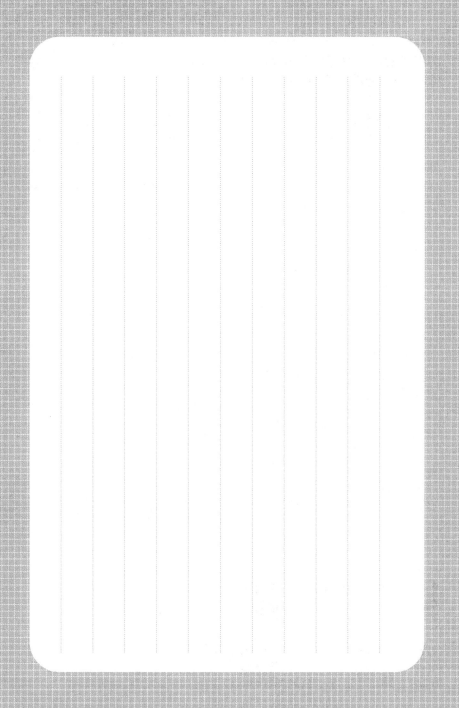

把時間當作朋友【精準實踐版】：
寫給有「時間恐慌症」年輕人的解答之書

作　　者　李笑來
美術設計　比比司設計工作室
內頁排版　高巧怡
行銷企劃　蕭浩仰、江紫涓
行銷統籌　駱漢琦
業務發行　邱紹溢
營運顧問　郭其彬
責任編輯　林芳吟
總 編 輯　李亞南

出　　版　漫遊者文化事業股份有限公司
地　　址　台北市103大同區重慶北路二段88號2樓之6
電　　話　(02) 2715-2022
傳　　真　(02) 2715-2021
服務信箱　service@azothbooks.com
網路書店　www.azothbooks.com
臉　　書　www.facebook.com/azothbooks.read

發　　行　大雁出版基地
地　　址　新北市231新店區北新路三段207-3號5樓
電　　話　(02) 8913-1005
訂單傳真　(02) 8913-1056
初版一刷　2024年6月
定　　價　台幣330元

ISBN　978-986-489-949-4

國家圖書館出版品預行編目 (CIP) 資料

把時間當作朋友(精準實踐版)/ 李笑來著. -- 初版. -- 臺北市 : 漫遊者文化事業股份有限公司, 2024.06
面；　公分
ISBN 978-986-489-949-4(平裝)
1.CST: 時間管理 2.CST: 生活指導
177.2　　113006627